Das große Vorlesebuch zu Advent und Weihnachten

Das große Vorlesebuch zu Advent und Weihnachten

herausgegeben von
Carola Hoffmann

mit Bildern von
Wolfgang Freitag

Pattloch

Bibliografische Information der Deutschen Bibliothek
Die Deutsche Bibliothek verzeichnet diese Publikation in der Deutschen Nationalbibliografie; detaillierte bibliografische Daten sind im Internet über http://dnb.ddb.de abrufbar.

Gedruckt auf chlorfrei gebleichtem Papier.

Umschlaggestaltung: Daniela Meyer, München, unter Verwendung einer Illustration von Wolfgang Freitag
Lektorat: Michael Schönberger
Satz und Layout: Elke Martin, München
gesetzt aus Sabon 13,5 auf 18,5 Punkt
Reproduktion: Repro Ludwig, A–Zell a. See / Fotolito Longo, I–Bozen
Druck und Bindung: Appl, Wemding
Printed in Germany

ISBN 3-629-01320-1
www.pattloch.de

Vorwort

Die Advents- und Weihnachtszeit ist Vorlesezeit. Und damit Ihnen der Lesestoff nicht ausgeht gibt es jetzt diese Sammlung schönster Geschichten, Verse und Gedichte: Das große Vorlesebuch zu Advent und Weihnachten enthält Altes und Neues, Besinnliches und Fröhliches.

Altbekannte Gedichte wie „Denkt euch, ich habe das Christkind gesehen“ und „Von drauß’, vom Walde komm ich her“ sind genauso zu finden wie lustige Verse von der Weihnachtsmaus, die jedes Jahr Gebäck und Marzipan stibitzt, oder über die Traumbescherung eines Kindes, das für jeden das passende Geschenk hat: eine Fuhre Gummibären, Extra-Väter, nur zum Spielen, Mütter, die nicht schimpfen können, Schulen nur zum Lachenlernen oder Wände, um sie anzumalen.

Renommierte Kinderbuchautoren wie Paul Maar, James Krüss, Janosch oder Manfred Mai stehen neben großen Dichtern wie Heinrich Heine, Rainer Maria Rilke, Theodor Storm oder Josef von Eichendorff, ohne die ein Weihnachtsbuch nur halb so schön wäre.

Die Geschichten sind mal besinnlich, mal phantasievoll oder lustig: Klara wünscht sich zu Weihnachten rote Winterstiefel und bekommt gleich drei Paar. Valentin verliert am Weihnachtsabend seinen Puppenjungen und bekommt ihn in der Nacht auf geheimnisvolle Weise zurück und die „heiligen drei Stimmbrüche“ nerven mit ihrem Gekrächze am Dreikönigstag die Bewohner von Oberpfennigfuxn so sehr, dass diese gerne Geld spenden, nur damit sie Ruhe geben.

Der bekannte Münchner Kinderbuchillustrator Wolfgang Freitag hat diese wunderschöne Ausgabe liebevoll bebildert. Sie eignet sich bestens zum Vorlesen auch für die ganz Kleinen. Ein ideales Buch zum Verschenken oder sich Selberschenken.

Eine ruhige und besinnliche Advents- und Weihnachtszeit wünscht Ihnen und Ihrer Familie

Carola Hoffmann

Inhalt

Kapitel 1: Vom Adventskalender bis zum festlichen Weihnachtsessen

Kapitel 2: Die Luft riecht nach Winter

Kapitel 3: Bald kommt der Nikolaus

Kapitel 4: Wir warten aufs Christkind

Kapitel 5: Euch ist ein Kindlein heut geborn

Kapitel 6: Weihnachtsüberraschungen

Kapitel 7: Zwischen Neujahr und Dreikönigstag

22
16
15
19
12
7
24
4
11
3
10
20
8
13
5
6

Kapitel 1

Vom Adventskalender bis zum festlichen Weihnachtsessen

Christkind oder Weihnachtsmann – wer bringt die Geschenke?

Der Adventskranz hatte 24 Kerzen, der Christbaum hing verkehrt herum von der Decke und das Weihnachtsfest war am 6. Januar – heute wird Weihnachten anders gefeiert, als noch vor einigen hundert Jahren. Trotzdem sind uns viele alte Bräuche erhalten geblieben – wenn auch in abgewandelter oder vereinfachter Form.

Und obwohl wir jedes Jahr von neuem wieder altes Brauchtum in der Advents- und Weihnachtszeit aufleben lassen, wissen wir doch nur sehr wenig über die Ursprünge. Deshalb sind in diesem Kapitel die wichtigsten Bräuche, Geschichten und Legenden für ratlose Erwachsene und neugierige Kinder kurz zusammengefasst und erklärt.

Der erste Adventskalender

Der kleine Gerhard nervte seine Mutter in der Adventszeit so sehr mit der ständigen Frage „Wann kommt endlich das Christkind?“, dass diese die folgende Idee hatte: Sie nahm kleine Schachteln und legte in jede ein Plätzchen hinein. Die Schachteln bekamen Nummern, und jeden Tag durfte Gerhard eine öffnen und das Plätzchen essen – bis zur Nummer 24, dem Heiligen Abend.

Als Gerhard Lang (1881–1974) erwachsen war, erinnerte er sich an die Idee seiner Mutter und druckte für alle ungeduldigen Kinder im Jahr 1908 den ersten Adventskalender. Statt der Gebäckstücke verwendete Lang farbenprächtige Zeichnungen, die ausgeschnitten und auf ein Papier geklebt werden konnten.

Adventskranz

Den Adventskranz gibt es noch gar nicht so lange bei uns in Deutschland. Wahrscheinlich war es der Theologe Johann Hinrich Wichern (1808–1881), Gründer einer Erziehungsanstalt in Hamburg, der ihn 1838 erfunden hat. Allerdings sah er damals noch ganz anders aus: Es war ein grüner Tannenkranz, der wie ein Kronleuchter an der Decke des Speisesaals der Schule hing.
An jedem Tag im Dezember wurde eine Kerze auf den Kranz gesteckt und angezündet. Am Heiligen Abend leuchteten dann 24 Lichter.
Da es jedoch ziemlich umständlich war, so viele Kerzen anzuzünden, begann man schon früh damit, ihn mit nur noch vier Kerzen – für jeden Adventssonntag eine – zu schmücken.
1925 hing ein Adventskranz mit vier Kerzen zum ersten Mal in einer Kirche in Köln.

Die Adventszeit

Advent kommt aus dem Lateinischen und heißt „Ankunft".
Während der Adventszeit soll man sich auf die Geburt Christi vorbereiten.
In der Adventszeit zünden wir Kerzen an. Sie symbolisieren das Licht, das mit Christi Geburt in die Welt kommt. Papst Gregor der Große legte im 6. Jahrhundert die Dauer der Adventszeit auf vier Sonntage fest. Sie beginnt mit dem ersten Sonntag nach dem 26. November und endet immer am 24. Dezember. Mit dem ersten Adventssonntag beginnt das Kirchenjahr.

Der Barbaratag

Die Legende von der heiligen Barbara ist ziemlich traurig: Sie wurde am 4. Dezember in Nikodemien (Kleinasien) geboren und war die Tochter eines reichen, heidnischen Kaufmanns. Gegen den Willen ihres Vaters trat sie zum Christentum über. Sie weigerte sich zu heiraten und wollte ein Leben in Demut und Armut führen, was ihren Vater sehr ärgerte. Er sperrte sie zunächst in einen Turm ein, dann ließ er sie foltern und töten. Ein Blitzstrahl soll den Vater dann getroffen und getötet haben.

Am 4. Dezember, dem Barbaratag, gibt es verschiedene Bräuche: Bergleute zünden vielerorts unter Tage Kerzen an und wenn man einen Kirsch-, Haselnuss- oder Kastanienzweig (Barbarazweig) am Barbaratag abschneidet und ins Wasser stellt, soll er am Heiligen Abend blühen. Das funktioniert allerdings nur, wenn man den Zweig auf eine warme Fensterbank stellt. Die heilige Barbara zählt zu den 14 Nothelfern.

Das Christkind und andere Gabenträger

Ob das Christkind oder der Weihnachtsmann zu den Kindern kommt, liegt hauptsächlich am Wohnort. Die regionalen Unterschiede im Volksglauben sind folgende: Im Norden Europas bringt der Weihnachtsmann die Geschenke, etwa ab der Mitte Deutschlands und im Süden kommt das Christkind, Sinter Claas kommt in Holland am 6.12., die Hexe Befana in Italien am 6.1. und in den östlichen Regionen kommt Väterchen Frost.
Alle haben gemeinsam, dass sie die braven Kinder beschenken.

Der Christbaum

Die Bewohner von Straßburg im Elsass haben vor ca. 400 Jahren die ersten Tannen aufgestellt und sie mit Papierrosen und roten Äpfeln geschmückt, denn Rot und Grün versinnbildlichen das Leben. Immer häufiger wurde auch Zuckerwerk und Gebäck an den Tannenbaum gehängt. Kerzenlichter gibt es seit etwa 1750 an Tannenbäumen. Man wollte damit an Christus erinnern, der das Licht der Welt ist. Der Tannenbaum wurde so zum Weihnachtsbaum, einem Symbol der Hoffnung. Sein immergrünes Nadelkleid steht für Lebenskraft.
Bunte Glaskugeln, Lametta oder Girlanden kannten unsere Urgroßeltern noch nicht. Sie schmückten ihren Weihnachtsbaum mit Nüssen, Äpfeln und Gebäck.
Dass man gerade den Tannenbaum und nicht irgendeinen anderen Baum ausgewählt hat, geht auf einen heidnischen Brauch zurück: Mit Reisigbündeln wurde in heidnischer Zeit die Wiederkehr des Frühlings beschworen. Das war zur Zeit der Wintersonnenwende, also am 21./22. Dezember.

Die Christmette

Viele katholische Familien begehen das Geburtsfest Christi mit dem Besuch der Mitternachtsmette. Dieser Gottesdienst wird heute auch oft

in den Abendstunden oder früh am ersten Weihnachtstag gefeiert. Unter der Christmette versteht man ursprünglich das in der Heiligen Nacht gesungene Morgengebet der Kirche zum Weihnachtsfest.
Bereits im 6. Jahrhundert wurde der erste Weihnachtstag durch drei verschiedene Messen (Christmette, Engelsmesse, eigentliche Festmesse) besonders feierlich begangen.

Epiphanie

Epiphanie ist das ursprüngliche Weihnachtsfest der Christen. Dieses Lichtfest wird am 6. Januar – dem Tag der Erscheinung des Herrn – gefeiert. In der Bibel, im Neuen Testament, bedeutet Epiphanie die Ankunft des Herrn als Mensch, also die Geburt von Jesus Christus. Heute ist der 6. Januar der Dreikönigstag.

Geschenke zu Weihnachten

Zu Beginn eines neuen Jahres wurden schon im alten Rom die Beamten von der Bevölkerung beschenkt. Auch die Sklaven erhielten von ihrem Herrn Gaben.
Sicher ist, dass bereits im 16. und 17. Jahrhundert das Beschenken der Kinder einen festen, wenn auch von Obrigkeit und Kirche nicht immer gern gesehenen Platz einnahm.

Die Heiligen Drei Könige

Der Evangelist Matthäus nennt sie schlicht und einfach die „Magier aus dem Osten". Und in diesem Osten hatte sich zur Zeit Jesu die Astronomie längst zu einer ausgeklügelten Wissenschaft entwickelt. Die Sterne hatten aber auch religiöse Bedeutung. Deshalb waren diese Astronomen immer auch Theologen. Sie gehörten der Priesterkaste an.
Eigentlich sind die „Heiligen Drei Könige" nur Lückenbüßer: Der 6. Januar war der alte Weihnachtsfeiertag. Aber Mitte des 5. Jahrhunderts setzte sich der 25. Dezember als Termin für das Weihnachtsfest durch. Was aber sollte man nun am 6. Januar feiern?
Um diese Zeit tauchten dann auch die Namen der „Heiligen Drei Könige" auf: Caspar (Schatzmeister), Melchior (Mein König ist Licht) und Balthasar (Schütze sein Leben).
Jeder von ihnen stand für einen damals bekannten Erdteil – Afrika, Asien und Europa. Der Überlieferung nach ist Caspar der schwarze, Balthasar der gelbe und Melchior der weiße König. Außerdem standen die drei Könige für die drei Lebensalter: Caspar als Jüngling, Melchior als Mann und Balthasar als Greis.
Die Zahl der Könige ergibt sich auch aus den drei Geschenken, die sie mitbrachten, nämlich Gold, Weihrauch und Myrrhe. Die Geschenke haben ihren Symbol-

charakter: Gold steht für die Königswürde, Weihrauch für die Göttlichkeit Jesu und Myrrhe für den sterblichen Menschen Jesus, der unser Menschsein angenommen hat.
Die Gebeine der Heiligen Drei Könige, die übrigens nie heilig gesprochen wurden, ruhen in Köln (Kölner Dreikönigsschrein).

Julnacht und Julfest

Die längste Nacht des Jahres wurde schon immer gefeiert: Die Kelten und Germanen feierten in der Julnacht Mitwinter oder das Julfest.
Das Julfest wird in Skandinavien noch heute gefeiert. Es beginnt am 24. Dezember mit einem Saunabad und endet am 13. Januar mit einem üppigen Essen.
Die Perser feierten um den 25. Dezember die Geburt des Lichtgottes Mithras. In Rom beging man zur selben Zeit das Fest der Saturnalien zu Ehren des Gottes Saturn.
Papst Hippolyt verlegte den Tag der Geburt Christi auf die Nacht vom 24. zum 25. Dezember.

Knecht Ruprecht

Der Nikolaus bringt die Geschenke. Er weiß zwar erstaunlich genau, welches Kind brav war und welches nicht, aber er ist gütig und nachsichtig. Vor Knecht Ruprecht, seinem finsteren Begleiter, müssen sich Kinder jedoch in Acht nehmen. Er hat die Rute dabei und er sieht grimmig und schmutzig aus in seinem dunklen Pelzmantel. Die Rollenverteilung zwischen Knecht Ruprecht und Nikolaus ist jedoch nicht überall gleich. An einigen Orten wird Knecht Ruprecht dem Nikolaus sogar gleichgesetzt. Andere Namen für die dunkle Gestalt an der Seite des Nikolaus sind: Krampus, Klaubauf, Klompsack, Pelzmärtel, Schmutzli, Rumpelklas. Der Name Knecht Ruprecht verweist auf heidnischen Ursprung: Ruprecht könnte „rauer Percht“ bedeuten. Die Perchten sind Gestalten aus der germanischen Kultur. Sie spukten im Dezember. „Rau“ verweist auf den links getragenen rauen Pelz.

Der Heilige Nikolaus

In Norwegen kommt der Nikolaus natürlich auf einem Rentierschlitten, in Holland segelt er auf einem Schiff von Spanien her und in Deutschland hat er manchmal einen Esel dabei – der Nikolaus ist außerordentlich erfinderisch, was sein Erscheinen angeht. Aber eines ist sicher: Wo immer der Nikolaus am 6. Dezember, seinem Festtag, auftaucht, da bekommen die Kinder auch ihre Geschenke.

Seit dem 7. Jahrhundert ist der Nikolaus als Gabenbringer bekannt. Allerdings bekamen früher die Kinder höchstens ein paar Nüsse oder Dörrobst, vielleicht auch Kleidung oder andere nützliche Dinge des Alltags.
Die Figur des Heiligen Nikolaus gibt es gleich zweimal: Der erste Nikolaus war im 4. Jahrhundert Bischof im kleinasiatischen Myra, das liegt etwa 200 Kilometer westlich von Antalya. Der andere war im 6. Jahr-

hundert Abt des bei Myra gelegenen Klosters von Sion. Entsprechend den beiden Vorbildern (Bischof und Abt) erscheint der Nikolaus je nach Region entweder als gütiger alter Mann oder als würdevoller Bischof mit Krummstab und Mitra als Zeichen seiner Bischofswürde.
Der Nikolaus ist Schutzpatron vieler Berufsgruppen so z. B. der Kaufleute, Bäcker, Seeleute und Schüler.

Nikolausstiefel

Der bekannteste und älteste Brauch zum Nikolaustag ist der, dass die Kinder ihre geputzten Schuhe am Vorabend vor die Tür stellen. Der Nikolaus füllt diese dann mit Süßigkeiten und kleinen Geschenken.
In vielen Familien wird dies heute noch so gemacht – mit einem kleinen Unterschied: Es gibt immer mehr Geschenke, die Schuhe sind dagegen nur noch selten geputzt.

Der Mistelzweig

Die Mistel behält auch im Winter ihre grünen Blätter und ist damit ein Symbol des Lebens. Zu Weihnachten gelten Misteln als Glücksbringer. Sich unter dem Mistelzweig zu küssen soll im neuen Jahr Glück bringen.

Rauschgoldengel

Nach einer Legende schnitzte ein Nürnberger Handwerksmeister vor 300 Jahren den ersten Rauschgoldengel. Der Handwerker war sehr traurig, weil seine kleine Tochter Anna gestorben war. Eines Nachts erschien sie ihm im Traum als Engel. Sie hatte goldene Engelsflügel, trug eine Engelskrone und ein goldenes Kleid. Gleich am nächsten Morgen schnitzte der Handwerksmeister sein Traumbild: einen Engelskopf aus Holz. Aus dünn gewalztem Messingblech, dem Rauschgold, fertigte er Kleid, Flügel und die Krone. Da viele Menschen so einen Rauschgoldengel haben wollten, schnitzte der Handwerksmeister noch weitere Engel und verkaufte sie schließlich auf dem Christkindlesmarkt. Den Rauschgoldengel nannte er Anna – nach seiner Tochter.

Der Stern von Bethlehem

Wo ist der neugeborene König der Juden? Wir haben seinen Stern aufgehen sehen und sind gekommen, um ihm zu huldigen“, so sprechen die Heiligen Drei Könige. In der Neuzeit versuchte man herauszufinden, welchen Stern die Menschen damals gesehen haben könnten. Es musste ein sehr heller, sehr auffälliger Stern gewesen sein. Experten dachten zuerst an eine Supernova, also an den Aufgang eines neuen Sterns. Wahrscheinlicher ist, dass der neue Stern durch eine Begegnung (Konjunktion) von Jupiter und Saturn entstand. Und eine solche „Konjunktion“ hat es im Jahr 7 v. Chr. gegeben – also zur Zeit, als Jesus wirklich geboren wurde. Bei der Berechnung des Geburtsdatums im 6. Jahrhundert hatte sich der Mönch Dionysius Exiguus verrechnet.

Die Sternsinger

Am 6. Januar sieht man sie überall: die „Weisen aus dem Morgenland“. Verkleidete Kinder – die Sternsinger – ziehen von Haus zu Haus, singen ihre Lieder und erhalten dafür eine Spende oder auch Süßigkeiten. Sie

erinnern an die Geburt Jesu und an die Geschehnisse, die sich in Bethlehem zugetragen haben.
Bevor sie weitergehen, schreiben sie die Buchstaben C + M + B zwischen die Jahreszahl mit gesegneter Kreide über die Tür. Das Kreidezeichen dürfte zunächst die Anfangsbuchstaben der drei Namen der Könige bezeichnet haben (Caspar, Melchior, Balthasar). Später ließ man sich dann etwas anderes einfallen: Christus mansionem benedicat, das heißt Christus segnet dieses Haus.
Die katholische Kirche pflegt dieses Brauchtum seit 1955. Jedes Jahr beteiligen sich über 80 000 Kinder an der Dreikönigsaktion. Sie sammeln Spenden für die Dritte Welt.

Silvester

Mit Lärm, Raketen, Böllern, Glockengeläut, Feuerwerk und Rauch wird das alte Jahr verabschiedet und das neue Jahr begrüßt. Neujahr ist also weniger ein kirchliches als vielmehr ein weltliches Fest. Schon im alten Rom fanden zum Jahreswechsel ausschweifende Feierlichkeiten statt. Als das Christentum im 4. Jahrhundert zur römischen Staatsreligion wurde, wurden auch viele römische Neujahrsbräuche übernommen.
Der Begriff Silvester stammt allerdings von einem Papst: dem Tagesheiligen Papst Silvester I. Der Heilige Silvester wurde am 31. Januar 314 zum Papst gekrönt und starb in Rom am 31. Dezember 335. Silvester wird von der Kirche seit dem Jahr 354 gefeiert.

Weihnachten

Das Fest der Geburt Jesu Christi wurde ursprünglich am 6. Januar (Epiphanie) gefeiert. Erst seit dem 5. Jahrhundert feiert man am 25.12. Warum dieses Datum so festgelegt wurde, obwohl der genaue Tag der Geburt Jesu nie ermittelt worden ist, ist nicht mehr festzustellen. Wahrscheinlich ist, dass man zur Zeit der Christianisierung Weihnachten auf den 25. Dezember legte, weil an diesem Tag viele heidnische Feiertage zusammenfielen. So wollte man den Übergang von heidnischem Brauchtum auf die christliche Religion erleichtern.
Heilig Abend (24.12.), Christnacht und Christtag (25.12.) bilden eine Einheit, wobei dem Heiligen Abend mit Bescherung und Christkind als Gnadenbringer heute eine zentrale Rolle zukommt.

Das festliche Weihnachtsessen

Am Vormittag des Heiligen Abends fasteten früher die Katholiken. Abends gab es dann ein üppiges Weihnachtsessen mit Fisch oder Fleisch und Weihnachtsgebäck. Der Christtag, also der 25.12. war der Familie gewidmet. Es wurde meist Geflügel serviert. Der zweite Weihnachtsfeiertag ist der Stephanitag (26.12.).

Kapitel 2

Die Luft riecht nach Winter

Die Luft riecht nach Winter.
Schnee fällt in Flocken.
Eisblumen am Fenster.
Eiszapfen am Dach.
Frierende Spatzen hocken –
ach!
im dürren Gesträuch.
Ihre Federn sind feucht.

Rosemarie Künzler-Behncke

Die kleine Blume und der Nordwind

Es war einmal eine kleine hübsche Blume. Die hatte sich, als die Tage im Herbst immer unfreundlicher geworden waren, mit den anderen unter die Erde verkrochen. Dort hockten sie nun beisammen und träumten von der warmen Sonne und von Schmetterlingen.

Der kleinen Blume wurde es von Tag zu Tag langweiliger, und sie sagte ein um das andere Mal: „Wann können wir nur wieder raus aus der Erde?"

„Hab Geduld", erwiderten die anderen. „Der Winter ist noch lang. Aber die Zeit vergeht schon."

Die kleine Blume seufzte und schwieg. Doch es dauerte nicht lange, da jammerte sie wieder: „Ob ich nicht mal ein bisschen rausgucken kann?"

„Nein", warnten die anderen. „Der Nordwind wird dich zerzausen. Es ist jetzt sowieso nicht schön auf der Erde. Kalt und dunkel."

„Ach, mir ist das egal. Ich halte es nicht mehr aus."

Und so sehr die anderen auch abrieten, die kleine, ungeduldige Blume bohrte ihr Köpfchen mit aller Kraft durch die hart gefrorene Erde. Doch kaum hatte sie es durch den Schnee gesteckt, kam der Nordwind, lachte und wirbelte es durch die Luft.

„Was machst du mit mir?", rief das Blümchen erschrocken. Doch der Nordwind lachte nur noch lauter und blies noch heftiger, dass dem Blümchen ganz schwindlig wurde. Und vor Kälte erstarrte es zu Eis.

So trug der Nordwind die kleine Blume über weiße Felder und Wiesen, über verschneite Wälder. Als sie eine Stadt überquerten, packte der Wind das Blümchen und setzte es an ein Fenster.

Da kamen die Kinder angelaufen und riefen erfreut: „Schaut nur, eine Eisblume! Sie sieht aus wie der Weihnachtsstern."
Die kleine Blume aber konnte durch das Fenster in die Stube schauen und staunte. Viele Kerzen erleuchteten das Zimmer, die Menschen waren fröhlich und sangen, als ob es gar nicht eisig kalt in der Welt wäre. Da fror auch die kleine Blume nicht mehr und wusste, dass ihre Schwestern unrecht hatten. Es war auch jetzt im Winter nicht kalt und dunkel in der Welt, denn die Menschen hatten ein wunderbares Licht.

Dietlind Steinhöfel

Der kleine Hügel

Vinzenz war verärgert. Er sollte auf die kleine Elena aufpassen. Ausgerechnet heute. Als er zugesagt hatte, hatte er doch nicht ahnen können, dass heute so viel Schnee lag und auch noch die Sonne schien. Elena war die Tochter von Tante Luise. Tante Luise behandelte ihn immer sehr nett. Also konnte er seine Zusage auf keinen Fall zurücknehmen. Trotzdem fand er es ärgerlich, dass er nicht auf den großen Schlittenhang konnte. Der war so steil – da wurde jede Fahrt fast zum Abenteuer. Für solche Fahrten war Elena mit ihren drei Jahren noch zu klein. Außerdem würden ihn seine Klassenkameraden auslachen und verächtlich „Babyaufpasser!" rufen.
Für Elena kam nur der kleine Hügel am anderen Ortsrand in Frage. Dort würde man wahrscheinlich ebenfalls über ihn lachen. Da fuhren nämlich nur Kleine mit ihren Müttern. Schöne Aussichten. Egal, dachte Vinzenz, schnappte seinen roten Bob und ging los. Als er klingelte und Tante Luise öffnete, stand Elena schon winterfest verpackt hinter ihr.
„Sie will auch ihren Bob mitnehmen. Oder geht ihr nicht zum kleinen Hügel?", fragte Tante Luise.

„Doch“, erwiderte Vinzenz. Dann zogen sie los. Vinzenz seufzte. „Was hast du, Vinzenz?“, fragte Elena. „Schnupfen?“
„Nein. Gar nichts“, antwortete Vinzenz.
Er wollte nicht zugeben, dass er sich jetzt schon langweilte. Nach einer Weile blieb Elena stehen.
„Schön!“, sagte sie und zeigte mit ihrem dicken Handschuh zum Waldrand. Die Baumspitzen glitzerten in der Sonne. Wie kleine, weiße Dächer sahen sie aus.
„Dahin!“, sagte Elena.
„Nicht zum kleinen Hügel?“, fragte Vinzenz verwundert. Elena schüttelte den Kopf, dann blickte sie ihn mit ihren großen Augen an und rief: „Nachher.“ „Na gut.“
Vinzenz war die Wegänderung nur recht. So wurde er wenigstens noch nicht ausgelacht. Nach einigen hundert Metern hatten sie den Waldrand erreicht. Von dort aus konnten sie das Dorf überblicken. Auf dem kleinen Hügel tummelten sich viele Leute. „Sollen wir jetzt zu den anderen gehen und Schlitten fahren?“, fragte Vinzenz.
„Nein.“
„Was dann?“
„Dahin!“
Elena zeigte in den Wald. Der war zur Zeit großartig. Selbst an den dünnsten Ästen hing noch Schnee. Die Halme waren mit dünnem Reif

überzogen. Wenn Wind in die Baumkronen fuhr, fiel daraus pulverleichter, weißer Staub hervor. Noch schien die Sonne, es war hell.
Warum sollte er Elenas Wunsch nicht nachgeben? Gefährlich war er auf jeden Fall nicht. Also sagte er: „In Ordnung, gehen wir in den Wald."
„Fein!", rief Elena.
Im Wald entdeckte sie ständig etwas Neues: Wenn man zum Beispiel an einem Zweig zog, konnte man es schneien lassen. Vinzenz musste sich dann unter diesen Zweig stellen. Das machte ihm nichts aus. Er mochte Elena. Aber manchmal rüttelte er auch über ihrem Kopf an einem Ast. Das brauchte er bald nicht mehr zu tun. Denn nach einiger Zeit verschwand die Sonne. Der Himmel wurde grau und es begann zu schneien.
Das Eis an den Bächen gefiel Elena besonders. Manchmal waren die Bäche darunter sogar ganz verschwunden. Irgendwann blieb Vinzenz stehen und sah sich um. Er erschrak. Wo befanden sie sich? Er kannte sich eigentlich im Wald aus. Aber jetzt im Schneetreiben sah alles gleich aus. Er wollte mit Hilfe ihrer Fußspuren zurückfinden. Aber schon nach einiger Zeit konnte er sie nicht mehr entdecken.
„Gehen wir dahin oder dorthin?", fragte Elena an einer Weggabelung.
„Wir gehen nach links!", sagte er. Er hatte keine Ahnung, ob das der richtige Weg war. Zuerst war Elena noch zufrieden. Ihr fiel ein Stock auf oder ein besonders schiefer Baum. Aber mit der Zeit wurde sie quengelig. Es gab keine ausgetretene Spur, in der sie gehen konnten. Dadurch wurde das Laufen anstrengend. Die Dämmerung setzte ein. Vinzenz bekam es mit der Angst zu tun. Er hätte niemals gedacht, dass er sich so verlaufen konnte. Im Sommer würde mir das nicht passieren, dachte er. Aber was half das? Jetzt war Winter und jeder Baum, jeder Weg sah für ihn gleich aus. Tante Luise war bestimmt schon in Sorge.
„Ich will nach Hause!", jammerte Elena immer wieder. Vinzenz schwieg. Er suchte fieberhaft den Wald nach dem richtigen Weg ab. Elena ließ sich in den Schnee fallen.

„Ich kann nicht mehr laufen!“, behauptete sie. Vinzenz fand in seiner Hosentasche noch einen Kaugummi. Das half. Aber nicht lange. Er legte die beiden Bobs übereinander und setzte Elena drauf. Das Ziehen strengte an. Aber die Angst kostete ihn noch mehr Kraft. Sie trieb ihm den Schweiß auf die Stirn. Waren nicht schon viele Leute im Wald erfroren? Er sollte auf Elena aufpassen und jetzt hatte er alles falsch gemacht. Er sah sich um. Elena nickte ein. Nach einer Weile kullerte sie vom Bob. Vinzenz hob sie auf. Er sah nichts als Baumschäfte und tanzende Schneeflocken.

Der Wald wurde mit jedem Schritt größer und unheimlicher. Vinzenz stapfte, die Bobschnur in der Hand, gegen den Wind gebeugt vorwärts. Dabei kullerten ihm dicke Verzweiflungstränen über die Wangen.

Er dachte, dass er nicht laut weinte. Aber anscheinend weinte er nicht leise genug.

„Heulst du, Vinzenz?“, fragte Elena nämlich plötzlich. Vinzenz schüttelte den Kopf und wischte sich mit dem Handschuh über die Nase.

„Du weißt den Weg nicht“, sagte Elena nach einer Weile.

„Doch!“

„Nein, du weißt ihn nicht! Aber ich!“

„Du?“ Vinzenz blieb stehen.

„Ja! Da!“, rief Elena und zeigte nach links. Endlich entdeckte Vinzenz es auch. Lichter. Lichter von Häusern. Sofort hielt er darauf zu. Es dauerte noch einige Zeit. Aber dann konnten sie den Wald verlassen. Sie erreichten den Dorfrand und zwar genau am kleinen Hügel. Trotz der Dunkelheit fuhren noch einige Erwachsene mit ihren Kindern Schlitten. Elena wollte auch. Sie sausten nebeneinander auf ihren Bobs den kleinen Hügel hinunter.

„Schön!“, klatschte sie begeistert in die Hände.

„Ja“, sagte Vinzenz, „sehr schön.“

ten Haaf

Was Freude macht

Hast du schon mal nachgedacht,
was im Winter Freude macht?
Schau dich um, schau dich um,
überall und rundherum:
Sieh nur, wie die Flocken treiben,
an den Fenstern kleben bleiben,
setzen sich auf Baum und Strauch
und auf unsre Nasen auch.
Weißt du was, weißt du was:
Das macht im Winter Spaß!

Hast du schon mal nachgedacht,
was im Winter Freude macht?
Schau dich um, schau dich um,
überall und rundherum:
Lass uns in den Garten gehen,
dicke runde Kugeln drehen.
Schneemann, Schneefrau, Schneemannskind –
schau, wie schnell sie fertig sind!
Weißt du was, weißt du was:
Das macht im Winter Spaß!

Hast du schon mal nachgedacht,
was im Winter Freude macht?
Schau dich um, schau dich um,
überall und rundherum:
Lass uns mit dem Schlitten flitzen,
später warm am Ofen sitzen,
dabei Haselnüsse knacken
und den Weihnachtsstollen backen.
Weißt du was, weißt du was:
Das macht im Winter Spaß!

Hast du schon mal nachgedacht,
was im Winter Freude macht?
Schau dich um, schau dich um,
überall und rundherum:
Hör nur, wie die Kerzen flüstern
und die Tannenzweige knistern,
wenn die Mutter Kekse backt
und das Holz im Ofen knackt.
Weißt du was, weißt du was:
Das macht im Winter Spaß!

Rosemarie Künzler-Behncke

Der erste Schnee

Es geht los ... es geht los ...", tuschelten die Schneeflocken, die schon seit einiger Zeit in verschiedenen Wolken unterrichtet wurden. Auch Max war ganz aufgeregt, so lange hatten sie geübt und jetzt endlich war es soweit. Max war ein wunderschöner, sechseckiger Schneeflockenstern mit feinen Zacken.
„Alle herhören!", rief der Schneeflockenchef, „in zehn Minuten werden wir loslegen, organisiert euch so, wie ihr es gelernt habt!"
Da kam Bewegung in die Flöckchen. Die sahen eigentlich alle gleich aus, aber wenn man genau hinschaute, waren sie alle ganz verschieden. Immer hundert Flöckchen gehörten zu einer Hauptgruppe und immer tausend Gruppen warteten auf einem Wolkensprungbrett und auf einer Wolke hatte es immer eine Million Sprungbretter, und die Wolken konnte man nicht zählen.
Über viele kleine Lautsprecher kam noch die letzte Anweisung von der Frau Winter: „Also, schön wirbeln in der Luft, ihr seid die ersten Schneeflocken in diesem Jahr, schön wirbeln ... Noch zwei Minuten ... noch eine Minute ... und los!"
Und jetzt begann ein unglaubliches Schauspiel: Aus der grauen Winterwolke sprangen auf allen Seiten Hunderte und Aberhunderte von Schneeflocken über die vielen Sprungbretter in die kalte Winterluft. Auch Max war mitten drin und stieß anfangs noch an viele Freunde und Freundinnen an, bis es dann mehr Platz gab. Lange gelang ihm das Wirbeln noch nicht so recht, bis er dann aber plötzlich den Trick heraus hatte, und aus dem Taumeln wurde ein Wirbeln.
Auf der Erde unten hatte noch niemand bemerkt, dass es bald schneien würde. Die Kinder saßen in der Schule und hatten gerade Rechnen. Auch Monika saß dort und fand es so langweilig. Sie starrte aus dem Fenster in den grauen Wintertag und betrachtete die kahlen Äste der Linde auf dem Pausenhof. Plötzlich hörte sie die Lehrerin sagen:
„... und was ist das Ergebnis, Monika?"

Aber genau im selben Moment sah sie Max. Also nicht nur Max allein, sondern Max und tausend weitere Schneeflocken. Monika sprang auf und schrie: „Es schneit!"

Und alle Kinder rannten ans Fenster, ja selbst die Lehrerin hatte die Rechnung vergessen und blickte verträumt in die tanzende Schneeflockenschar.

Max wirbelte allen Schneeflocken voran und stolz tanzte er vor dem Fenster vorbei, aus dem dreißig Kindergesichter und ein Lehrerinnengesicht herausguckten. Gleich darauf landete er auf dem Pausenhof und im Nu saßen andere Flocken neben, hinter und über ihm.

Es war ihm noch ganz schwindelig im Kopf vom langen Flug und er ruhte sich nun gemütlich aus. Nach einer halben Stunde merkte Max nichts mehr, denn er lag unter Tausenden von anderen Schneeflocken.
Aber hier ist die Geschichte noch nicht zu Ende, denn kurz danach war die Rechenstunde zu Ende und die Kinder stürmten auf den Pausenhof.
„Lasst uns eine Schneeballschlacht machen!", schrie eines der Kinder, und auch Monika machte mit und raffte gleich eine Menge Schnee zusammen. Genau den Schnee, in dem Max lag. Max fand es zuerst unangenehm, so zusammengerafft zu werden, aber dann sauste er durch die Luft und knallte einem frechen Jungen an den Kopf.
„Ich habe Moritz getroffen!", rief Monika.
Nun, Max hatte zwar eine harte Landung, aber jetzt war er ganz oben, auf der Mütze vom frechen Moritz.
„Wir sind jetzt Max und Moritz", jubelte er und dann freute er sich über die wunderbare Aussicht. Weit oben am Himmel sah er die Wolken, wo gewiss immer noch Heerscharen von Schneeflöckchen auf das Sprungbrett und in die Luft rannten und die ganze Luft war erfüllt und Max schrie: „Wirbeln, wirbeln!"
Aber Max musste sich festhalten, denn Moritz rannte, duckte sich, raffte Schnee auf, stürmte Monika nach, traf versehentlich den Hauswart und wurde von einem Lehrer geschimpft. Dann klingelte es. Die Pause war zu Ende. Moritz klopfte sich den Schnee aus der Mütze und ging in die nächste Unterrichtsstunde. Max fiel wieder auf den Boden und freute sich, dass er dort die anderen Schneeflocken traf. Bis tief in die Nacht hinein unterhielten sie sich über die vielen Abenteuer, die sie gerade erlebt hatten.

Lukas Röthlisberger

Advent

Es treibt der Wind im Winterwalde
die Flockenherde wie ein Hirt,
und manche Tanne ahnt, wie balde
sie fromm und lichterheilig wird,
und lauscht hinaus. Den weißen Wegen
streckt sie die Zweige hin – bereit,
und wehrt dem Wind und wächst entgegen
der einen Nacht der Herrlichkeit.

Rainer Maria Rilke

Paradies-Schnee

In den Straßen, wo die vielen Autos fahren, ist der Schnee schmutzig, und auf den Gehsteigen sieht er auch nicht besser aus. Aber im Stadtgarten, da liegt er frisch und weiß auf den Wiesen. Unberührt bis auf eine krakelige Vogelspur hie und da.

„Die Bäume halten sich ganz still, damit der Schnee nicht runterfällt", sagt Susi, „nicht wahr?" Eckhard nickt.

„Sag, woher kommt der Schnee?"

„Aus den Wolken", erklärt Eckhard, „die haben die ganzen Bäuche voll davon."

„Und warum ist er immer nur weiß und nie rot?", will Susi jetzt wissen.

„Weil er sonst Flecken machen würde."

„Kann man Schnee essen?", fragt Susi.

„Ja", sagt Eckhard, „aber er ist so kalt, da kriegt man Bauchschmerzen."

„Ein bisschen?"

„Nein", sagt Eckhard, und er nimmt seine kleine Schwester fest an der Hand. „Pass auf, wie viele Wörter es mit Schnee gibt", lenkt er sie ab: „Schneeball, Schneewetter, Schneemann ..."

„Schneefrau!", schreit Susi.

„Schneesturm", fährt Eckhard fort, „Schneeschaufel, Schneekönigin ..."

„Schneenasi", sagt Susi. „Nein", sagt Eckhard.

„Doch", sagt Susi, „weil mir nämlich Schnee auf die Nase gefallen ist!"

„Na gut", meint Eckhard. „Schneeräumer, Schneeschuhe ..."

„Schneestrümpfe!", brüllt Susi und hüpft auf einem Bein, „Schneehütte, Schneevögel!"

„Komm, wir machen eine Schneeballschlacht!", ruft Eckhard. „Los!" Da bewerfen sie sich mit Schneebällen. Die Susi schmeißt, so fest sie kann. Der Eckhard darf das aber nicht, weil seine kleine Schwester dann losheult.

„Pah", stöhnt Susi endlich, „ich krieg keine Luft mehr!"

Jetzt schneit es mehr und mehr. Dichte Flocken segeln herab.
„War voriges Jahr auch Winter?“, fragt Susi.
„Klar“, antwortet Eckhard. „Erinnerst du dich nicht mehr?“
„Und vorvoriges Jahr?“ „Da auch.“
„Und vorvorvoriges Jahr?“ Susi ist eine Nervensäge.
„Jedes Jahr ist Winter“, erklärt Eckhard.
„Ganz früher auch?“
„Ja“, sagt Eckhard. „Woher weißt du das?“
Eckhard denkt nach. „Von der Mama.“
„Und woher weiß es die Mama?“
„Von der Großmama. – Siehst du den Vogel da?“, versucht er sie abzulenken.
„Ja“, sagt Susi. „Und von wem weiß die Großmama es?“
„Von ihrer Mutter“, sagt Eckhard. „Der Urgroßmama.“
„Und die?“, bohrt Susi weiter.

„Von der Ururgroßmama. Der hat es die Urururgroßmama erzählt, und die erfuhr es von der Ururururgroßmama."
„Und die von der Ururururururur ...", jetzt macht es Susi erst Spaß!
„Ja", sagt Eckhard, „und immer so weiter zurück."
„Bis wohin?", fragt Susi. Eckhard stöhnt.
„Wo sind denn deine Handschuhe?", fragt er.
„Weiß ich nicht", sagt Susi. „Bis wohin?"
„Bis zu Adam und Eva im Paradies!"
„Im Paradies ist immer Sommer!", sagt Susi.
„Wieso?", fragt Eckhard.
„Weil da immer Sommer ist! Auf allen Paradiesbildern ist Sommer!"
Susi hat recht. Die Wiesen sind immer grün, und die Blumen blühen.
„Im Paradies ist auch Winter gewesen!"
„Warum?", fragt Susi.
„Weil das Paradies ein wunderschöner Ort war", sagt Eckhard, „und weil der Winter auch wunderschön ist. Und weil er zu einem wunderschönen Ort dazugehört."
Susi guckt zu ihm hoch. „Ja", sagt sie. „Und die Tiere?", fragt sie. „Und die Leute?"
„Die Leute waren Adam und Eva", sagt Eckhard. Da fällt ihm ein, dass die ja keine Kleider hatten. „Im Paradies war der Schnee nicht kalt", sagt er.
„Echt?", fragt sie. „Woher weißt du das?", fragt sie.
„Von niemandem auf der ganzen, weiten Welt", sagt Eckhard. „Von mir ganz allein."
„Da mussten sie nicht frieren", sagt Susi.
„Aber ich friere", fügt sie hinzu. „Trag mich ein bisschen!"
„Ob es wirklich Winter gab im Paradies?", denkt Eckhard, während er seine kleine Schwester huckepack nach Hause trägt. „Ganz bestimmt", denkt er, „und ich bin der Erste, dem es eingefallen ist."

Gina Ruck-Pauquèt

Schneeflocken

Es schneit, hurra, es schneit!
Schneeflocken weit und breit!
Ein lustiges Gewimmel
kommt aus dem grauen Himmel.

Was ist das für ein Leben!
Sie tanzen und sie schweben.
Sie jagen sich und fliegen,
der Wind bläst vor Vergnügen.

Und nach der langen Reise,
da setzen sie sich leise
aufs Dach und auf die Straße
und frech dir auf die Nase.

Volksgut

Das Häschen und die Rübe

Felder und Hügel waren mit hohem Schnee bedeckt und Häschen hatte nichts zu essen. Da ging es fort, um Futter zu suchen. Es fand zwei Gelbe Rüben.
Häschen aß eine Rübe und sagte: „Es schneit so sehr und es ist so bitterkalt, gewiss hat das Eselchen nichts zu essen. Ich will ihm die Rübe bringen."
Sofort lief Häschen zu Eselchens Haus. Aber Eselchen war nicht zu sehen. Häschen legte die Rübe hin und hoppelte wieder fort.

Auch Eselchen war ausgegangen, um Futter zu suchen. Es fand ein paar Kartoffeln und ging zufrieden nach Hause.
Als es die Tür öffnete, sah es die Rübe. Woher mag diese Rübe sein? Eselchen wunderte sich.
Dann aß es seine Kartoffeln und sagte: „Es schneit so sehr und es ist so bitterkalt, gewiss hat Lämmchen nichts zu essen. Es soll die Rübe bekommen."
Eselchen kullerte die Rübe zu Lämmchens Haus. Aber Lämmchen war nicht da. Behutsam legte Eselchen die Rübe hin und ging wieder fort.

Auch Lämmchen war ausgegangen, um Futter zu suchen. Es fand einen Kohlkopf und ging zufrieden nach Hause.
Als es die Tür öffnete, sah es die Rübe. Woher mag diese Rübe sein? Lämmchen wunderte sich.
Dann aß es den Kohlkopf und sagte: „Es schneit so sehr und es ist so bitterkalt, gewiss hat Rehlein nichts zu essen. Ich will ihm die Rübe bringen."
Lämmchen nahm die Rübe und trug sie zu Rehleins Haus. Aber das Haus war leer. Lämmchen legte Rehlein die Rübe hin und lief schnell wieder fort.
Auch Rehlein war ausgegangen, um Futter zu suchen. Es fand grüne Blätter und ging zufrieden nach Hause.
Als es die Tür öffnete, sah es die Rübe. Woher mag diese Rübe sein? Rehlein wunderte sich.

Dann aß es die grünen Blätter und sagte: „Es schneit so sehr und es ist so bitterkalt, gewiss hat Häschen nichts zu essen. Ich werde Häschen die schöne Gelbe Rübe schenken."
Und gleich lief Rehlein zu Häschens Haus. Aber Häschen hatte sich satt gegessen, war zu Bett gegangen und schlief. Rehlein wollte es nicht wecken und kullerte die Rübe leise zur Tür hinein.

Als Häschen erwachte, rieb es sich verwundert die Augen: Die Rübe war wieder da!
Es überlegte einen Augenblick, dann sagte es: „Gewiss hat mir ein guter Freund diese Rübe gebracht!"
Dann aß es die Rübe auf. Sie schmeckte sehr gut!

Chinesisches Märchen

Warum die Hasen weiße Schwänze haben

Das Häschen hatte einen ganzen Sommer lang auf den Wiesen herumgetollt, war gesprungen nach Herzenslust und hatte vor lauter Übermut auch tüchtig Purzelbaum geschlagen. Als aber der Winter kam und die Wiesen mit Schnee bedeckte und die Sonne immer weniger scheinen mochte, hatte es sich in seine Kuhle zurückgezogen. Die war schön weich mit Laub und Gras ausgepolstert. Das Häschen hatte sich hineingekuschelt, das Schnäuzchen zwischen die Pfoten gesteckt und so wollte es liegen und schlafen, bis der Frühling kam. Nur wenn der Hunger gar zu arg nagte, verließ es seine warme Kuhle, um schnell dahin zurückzukehren, wenn der Bauch wieder voll war.
Da träumte dem Häschen eines Tages, ein Engel sei an sein Lager getreten, habe es sanft an den langen Ohren gezupft, dass es erwachte, und

zu ihm gesprochen. Das Häschen schlug die Augen auf und schaute sich um. Den Engel aus dem Traum konnte es nicht mehr sehen. Aber es erinnerte sich noch seiner Worte: „Da sind zwei arme Menschen, die im Schnee den Weg verloren haben. Lauf und hilf ihnen weiter. Dein Näschen führt dich ja sicher." Und tatsächlich! Gar nicht weit entfernt konnte das Häschen die beiden sehen: einen Mann und eine Frau, dazu ein Eselchen. Der Mann blickte suchend über das weite, weiße Feld, konnte aber keinen Weg entdecken. Das Häschen aber spürte wohl den Geruch vom Rauch, welcher aus den Schornsteinen der Häuser aufstieg, die in einer Senke verborgen waren. Geschwind hüpfte es über den Schnee zu Maria und Josef hin, machte Männchen vor ihnen und hoppelte dann auf das Dorf zu. Als es sich umwandte, sah es, dass die Menschen immer noch am selben Platz standen und ihm erstaunt nachblickten. Da lief es wieder zu ihnen zurück, machte noch einmal Männchen und schlug Purzelbaum, dass richtig ein kleiner Pfad im Schnee entstand.

Da verstanden Maria und Josef, was das Häschen wollte, und folgten ihm. Hoppelnd und springend lief das Häschen nun voraus, bis das Dorf zu sehen war. Dort blieb es stehen und wackelte fröhlich mit den langen Ohren. Wie freute es sich, als Josef ihm von ganzem Herzen dankte! Noch schöner allerdings war es, als die liebe Gottesmutter sich zu ihm niederbückte, es sanft streichelte und ihm den Schnee aus dem Pelz klopfte. Sie tat das ganz gründlich; nur an der Schwanzspitze blieb etwas Schnee haften. So kam es, dass das Schwänzchen auch noch weiß war vom Schnee, als das Häschen endlich wieder in seine warme Kuhle zurückgehoppelt war.

Als aber im Frühling der Schnee geschmolzen war, da war das Hasenschwänzchen immer noch weiß und ist es bis auf den heutigen Tag – zur Erinnerung daran, dass das Häschen einmal Maria und Josef sicher über den Schnee geführt hat.

Georg Dreißig

Der Bratapfel

Ihr Kinder, kommt und ratet,
was im Ofen bratet!
Hört, wie es knallt und zischt!
Bald wird er aufgetischt.
Der Zipfel, der Zapfel,
der Kipfel, der Kapfel,
der gelbrote Apfel.

Ihr Kinder, laufet schneller!
Holt euch einen Teller!
Holt eine Gabel!
Sperrt auf den Schnabel
für den Zipfel, den Zapfel,
den Kipfel, den Kapfel,
den goldbraunen Apfel.

Sie pusten und prusten,
sie gucken und schlucken,
schnalzen und schmecken,
lecken und schlecken
den Zipfel, den Zapfel,
den Kipfel, den Kapfel,
den knusprigen Apfel.

Fritz Kögel

Meinetwegen

Britta lag auf dem Sofa und zappte herum. Quasseltanten, Quasselonkels, Reklame, ein Film über Gämsen, Reklame, Fußball, ein Zeichentrickfilm. Flutsch, war der Fernseher aus. Sie drehte sich auf die andere Seite und versuchte zu schlafen. Nach einer Weile merkte sie, dass es nicht ging. Sie marschierte in die Küche und nahm sich eine Tüte Chips. Krax, krax, krax machte es, als sie kaute. Krax, krax, krax, das war alles. Keine Mama, die etwas sagte, kein Papa. Sie war kein Waisenkind. Aber sie fühlte sich wie eines. Jeden Nachmittag. Soll ich Mama an der Kaufhauskasse anrufen? Ui, ui, das gäbe wahrscheinlich Ärger, überlegte Britta.
Papa anrufen wollte sie nicht. Noch nicht. Der hatte gebrüllt, herumgetobt und sich dann von ihnen getrennt. Deswegen waren sie und Mama vor zwei Wochen in diese Stadt, in diese Siedlung gezogen. Sie öffnete die Fenstertür und trat auf den verschneiten Balkon. Die kalte Luft ließ sie zuerst kaum atmen. Ihre Wohnung lag im dritten Stockwerk. Die Wege unten erinnerten sie an dunkle Linien auf einem weißen Blatt. Sie führten zu Häusern, die wie ihres vor jedem Wohnzimmerfenster einen kleinen Balkon besaßen. Von den Leuten, die über die Linien eilten, kannte sie keinen. Trotzdem dachte sie: Ich gehe auch raus. Vielleicht treffe ich ja jemanden aus meiner Klasse.
Mama hatte ihr aufgetragen, die Hausaufgaben sofort nach dem Essen zu machen. Wegen der neuen Schule und weil ihre Leistungen überhaupt sehr schlecht geworden waren. Aber dazu hatte sie keine Lust. Außerdem verstand sie die Rechenaufgaben nicht. Sie fand es grässlich alleine herumzusitzen und zu schreiben oder zu rechnen. Dann lieber alleine draußen herumlaufen. Sie zog ihre Wintersachen an und ging los. Als sie auf den Flur trat, wischte dort eine ältere Frau mühsam den Boden. Sie wohnte in der Wohnung gegenüber. Britta wusste nur, dass sie Teichweide hieß. Die Frau hielt inne und fragte: „Tust du mir einen Gefallen? Draußen ist es glatt. Der Winter

ist nichts für uns alte Leute. Würdest du ein paar Dinge für mich einkaufen?"
Das war ja nun nicht der Knaller. Aber vielleicht, so überlegte Britta, rückt sie ein paar Münzen raus.
„Meinetwegen", sagte sie. Aber sehr gedehnt. Die Frau sollte nicht glauben, sie mache so etwas jeden Tag für sie oder sogar gerne. Frau Teichweide überreichte ihr eine abgeschabte Tasche, einen Geldbeutel und einen Zettel. In der Nähe befand sich ein größerer Supermarkt. Am Eingang wurde aus dem Schnee, den viele Sohlen ständig hereintrugen, brauner Matsch. Bei manchen Leuten quollen die Einkaufswagen über. Frau Teichweide hatte nur wenige Dinge aufgeschrieben: Reis, Kakao, Salz, Zucker, Haarwaschmittel, ein paar billige Plätzchen.
„Danke", sagte Frau Teichweide, als Britta ihr die Tasche gab.
„Willst du hereinkommen?" Eigentlich wollte Britta nicht. Was sollte sie bei der alten Frau? Aber da war ja noch die Sache mit dem Trinkgeld. Vielleicht erhielt sie es drinnen.
„Meinetwegen."

In der Wohnung war Britta überrascht. Sie bestand nur aus einem engen Zimmer und einem Duschraum mit Toilette.
Wie ein Hühnerkäfig, dachte Britta. In dem Zimmer standen ein Bett, ein Schrank, ein Sessel, ein Küchentisch, darauf ein Adventskranz aus künstlichen Nadeln und zwei Stühle. Es roch nach Suppe oder Klo oder nach beidem.
„Setz dich“, sagte die Frau. Britta wusste nicht, warum sie gehorchte. Die Frau bewegte sich, mühsam, wie sie geputzt hatte, zu ihrer Kochecke und hantierte dort herum. Britta sah zu. Merkwürdig, dass es ihr bei der Frau gefiel. Draußen hatte es zu schneien begonnen. Zwei, drei Minuten nachdem die Frau zur Kochecke gegangen war, kam sie mit heißem Kakao und Plätzchen zurück. Die billigsten Plätzchen, die es im Supermarkt gab. Sie schmeckten Britta ausgezeichnet. Die Frau erzählte: „Früher habe ich den Winter gerne gehabt. Da bin ich viel Schlitten gefahren. Aber da wohnte ich noch draußen, außerhalb der Stadt. Nun schließt er mich von vielen Dingen aus.“
Irgendwann hatte Britta das Gefühl: Jetzt musst du aufstehen und gehen.
„Du hast wohl noch Hausaufgaben zu machen?“
„Ja.“
Einen Moment war es still. Dann sagte die Frau: „Wenn du möchtest, kannst du sie bei mir machen.“
Zuerst wollte Britta den Kopf schütteln. Sie kannte die Frau ja kaum. Aber dann nickte sie. Die Frau räumte den Tisch ab. Britta ging rüber, um ihre Sachen zu holen. Während sie die Hefte und Bücher nahm, überfiel sie ein komisches Gefühl. Sie konnte es nicht deuten. Aber es war auf jeden Fall angenehmer als das Gefühl, das sie eben auf dem Sofa gehabt hatte.

ten Haaf

Die Seesterne

Vor vielen Jahren ist einmal ein Unglück passiert, das dann doch für einige ein Glück war. Ein riesengroßes Frachtschiff war auf dem Meer unterwegs, da gab es einen gewaltigen Sturm und das Schiff ging unter. Der Kapitän und die Matrosen retteten sich auf die Beiboote, aber das Schiff blubberte auf den Meeresgrund. Es hatte weder Erdöl noch Kaffee geladen, sondern war voller Adventskalender. Adventskalender mit goldigen und silbrigen Sternen, Adventskalender mit vierundzwanzig kleinen Fensterchen zum Aufmachen.

Das war nun ein Unglück für den Kapitän, denn er hatte jetzt kein Schiff mehr. Das war ein Unglück für die Matrosen, denn sie hatten keine Arbeit mehr. Und es war natürlich ein großes Unglück für die Kinder, denn es gab viel zu wenig Adventskalender in diesem Jahr.

Aber für einige war es auch ein Glück. Kaum war das Schiff auf dem Meeresgrund angekommen, da kamen auch schon die ersten Fische und guckten hinein oder schwammen zwischen den vielen Adventskalendern herum. Die Fische hofften eben immer, dass einmal ein Schiff mit Fischfutter untergehen werde – hei, das wäre ein Fest. Aber Adventskalender kannten sie nicht.

Ein Fisch erzählte das mal so nebenbei einer Meernixe, die hieß Thelma. Und da Meernixen unglaublich neugierig sind, schwamm Thelma natürlich sofort zum versunkenen Schiff. Sie wusste auch nicht, was das ist, Adventskalender, aber sie war geschickter als alle Fische. Und so öffnete Thelma mit ihren Händen – sie hatte ja nur hinten Flossen – einige Fensterchen. Und da waren lauter Sterne abgebildet. Und Sterne kannte sie, die gibt es auf dem Meeresgrund. Seesterne nämlich. Thelma packte einige Adventskalender unter den Arm und schwamm zum Seesternenkönig, um ihm diese schönen Bilder zu zeigen. Der Seesternenkönig studierte die Bilder, öffnete die Fensterchen und interessierte sich immer mehr für den Fund, bis er sich dann auf sein Seepferdchen schwang und mit Thelma zum versunkenen Schiff ritt.

Dort prüfte er die Ladung und nachdem er sich überzeugt hatte, dass überall Sterne abgebildet waren, befahl er die größte Adventskalender-verschenkaktion, die je auf dem Meeresgrund stattgefunden hatte. Hunderte von Tintenfischen durften mitarbeiten. Ein Delfin leitete die ganze Aktion. Denn einer musste ja den Überblick behalten. Schließlich sollte jeder Seestern im ganzen Meer einen Adventskalender bekommen. Und die Tintenfische hatten alle Arme voll zu tun: Mit dem ersten Arm hielt jeder Tintenfisch eine Liste mit den Seesternadressen, die er beliefern sollte. Mit dem zweiten Arm hielt er einen Stift, um auf der Liste die Namen abzuhaken, die den Kalender bekommen hatten. In den übrigen Armen hielt er die richtige Anzahl von Adventskalendern. Nun sah man tagelang Tintenfische mit Paketen von Adventskalendern unter den Armen zu allen Seesternen schwimmen. Da war zum Beispiel der Seestern Zacki mit seiner Frau Zacka und den beiden Kindern Zi und Za. Zuerst sind sie richtig erschrocken, als sie den Tintenfisch an-rauschen sahen, aber als er ihnen den Kalender hinhielt und blubberte: „Vom König“, da nahmen sie zaghaft das Geschenk. Welche Freude, als sie sahen, dass sie darauf abgebildet waren. Sie hängten den Kalender an eine Koralle und guckten ihn immer an. Einmal kam ein Fisch vorbei und der sagte: „Oh, ihr habt denselben Kalender wie alle Seesterne.“
„Jawohl, Fisch, den haben wir alle von unserem König bekommen.“
„Ja, aber lieber Zacki, die andern Seesterne haben die Fensterchen geöffnet.“
„Welche Fensterchen?“
Und der Fisch zeigte Zacki, dass man da noch Fenster öffnen konnte.
Das war ein Hallo!
Der Seesternkönig war sehr stolz, denn alle Seesterne verehrten ihn nun noch mehr und Thelma war auch ganz fröhlich. Einzig ein U-Boot, das untersuchen sollte, warum das Schiff gesunken war, meldete später, dass es leer gewesen sei, was sich aber niemand so richtig erklären konnte.

Lukas Röthlisberger

Es war einmal eine Glocke

Es war einmal eine Glocke,
die machte baum, baum …
Und es war einmal eine Flocke,
die fiel dazu wie im Traum …

Die fiel dazu wie im Traum …
Die sank so leis hernieder
wie ein Stück Engleingefieder
aus dem silbernen Sternenraum.

Es war einmal eine Glocke,
die machte baum, baum …
Und dazu fiel eine Flocke,
so leis als wie ein Traum …

So leis als wie ein Traum …
Und als vieltausend gefallen leis,
da war die ganze Erde weiß
als wie vom Engleinflaum.

Da war die ganze Erde weiß
als wie von Engleinflaum.

Christian Morgenstern

Vertan

In der Siedlung am Stadtrand sahen sich die Häuser zum Verwechseln ähnlich. Immer zwei waren direkt aneinander gebaut. Auch die Vorgärten glichen sich in Größe und Aussehen. In Haus Nummer 7 wohnte Cynthia mit ihren Eltern und in Haus Nummer 9 Naomi. Sie kam aus Zaire in Afrika.

„Was ist denn das?“, hatte Herr Kleppmann gesagt, als Naomi mit ihren Eltern eingezogen war. Ihn hatte die Hautfarbe überrascht. Die war bei Naomi und ihren Eltern so schwarz wie Kohle.

Herr Kleppmann lebte mit seiner Frau gegenüber auf der anderen Straßenseite in Haus Nummer 8. Cynthia hatte ein wenig Angst vor ihm, weil er immer so mürrisch dreinsah. Aber jetzt war er ihr egal. Denn sie baute gerade mit Naomi im Vorgarten einen Schneemann. Den ersten ihres Lebens. Deswegen sollte er besonders schön sein. Bisher hatte es bei ihnen noch nie so viel geschneit, dass es zu so etwas reichte.

„Darf ich etwas zum Anziehen für ihn haben?“, fragte Cynthia ihre Mutter. Die gab ihr eine Schürze, einen Topf und einen Besen.

„Damit sieht er ein wenig aus wie du!“, grinste Naomi.

„Dann bauen wir noch einen zweiten, der dir ähnlich sieht“, sagte Cynthia. Für den nächsten Schneemann holten sie bei Naomis Mutter Kleidungsstücke. Sie bekamen von ihr zwei bunte Tücher. Eines wickelte Naomi ihrem Schneemann als Turban um den Kopf und das andere um den Bauch, so dass nur noch Brust, Gesicht und Arme frei waren.

„Der gefällt mir gut. Ganz anders als normalerweise!“, meinte Cynthia. Naomi nickte.

Cynthia merkte, dass Naomi nicht ganz zufrieden war, aber da ihr eine neue Idee durch den Kopf schoss, vergaß sie das. „Jetzt bauen wird den beiden noch einen richtigen Tisch!“, sagte sie. Darauf stellten sie eine Vase mit Strohblumen, Tassen und Teller.

„Was ist denn das?“, schüttelte Herr Kleppmann den Kopf, als er an ihrem Vorgarten vorbeikam. Cynthia sah Herrn Kleppmann verärgert

an. Sie wusste nie, ob er das, was er sagte, böse oder freundlich meinte. Im Moment kam es ihr böse vor.
Mit Einbruch der Dunkelheit mussten Cynthia und Naomi nach Hause. Durch das Küchenfenster sah Cynthia Gerd und Willi. Die beiden grinsten beim Anblick der Schneemänner. Willi wollte über den Zaun steigen. Wahrscheinlich, um sie kaputtzumachen. Aber Gerd zog ihn zurück. Er flüsterte ihm etwas ins Ohr. Willi nickte. Dann verschwanden sie.
„Was habt ihr denn da gebaut?“, fragte Gerd am nächsten Morgen in der Schule.
„Zwei Schneemänner. Was soll das sonst sein? Ihr habt sie euch doch gestern Abend angesehen“, erwiderte Cynthia.
„Aber der eine hat so bunte Tücher und der andere einen Topf auf dem Kopf. Das passt nicht zusammen“, meinte Willi.
„Wieso? Der mit Topf bin ich und der andere ist Naomi.“
Gerd und Willi sahen sich an und nickten kurz. Cynthia überlegte, was das bedeuten sollte. Sie kam zu keinem Ergebnis. Nach Schulschluss blieben noch einige Kinder da, um das Weihnachtsspiel zu üben. Gerd und Willi waren mit dem Klingeln verschwunden.
„Die haben irgendetwas vor“, sagte Cynthia. Naomi hob die Schulter. Sie hatte keine Ahnung, was die beiden planten. Auf dem Heimweg schlidderten sie auf jeder eisigen Stelle. Fast hätten sie Gerd und Willi vergessen. Doch als sie zu Hause ankamen, erstarrten sie. Die Schneemänner waren nicht zerstört. Nicht einmal der Tisch. Alles war so, wie sie es am Morgen verlassen hatten. Nur dass der Schneemann, der Naomi darstellen sollte, nicht mehr weiß, sondern rabenschwarz war. Ein schwarzer Schneemann inmitten einer weißen Landschaft. Cynthia kochte vor Wut! „Oh, wenn ich die beiden erwische!“, sagte sie. Hatte sie keiner bei ihrem Tun beobachtet? Sie nahm ihren Schlüssel und sah im Haus nach. Weder ihre Mutter war da noch ihr Vater.
Als sie wieder rauslief, sah sie, dass Naomi strahlte. „Stört dich das nicht?“, fragte Cynthia.

„Nein, das ist doch sehr schön. Jetzt bin ich es wirklich!“, freute sich Naomi.
„Gerd und Willi lauern bestimmt hier irgendwo in der Nähe, um zu sehen, wie wir uns ärgern“, sagte Cynthia. „Die werden sich wundern!“
Sie rief nach den beiden. Kurze Zeit später tauchten sie hinter einem verschneiten Auto auf. Sie sahen siegessicher aus.
„Näher!“, befahl Cynthia. „Naomi will sich bei euch bedanken.“
„Bedanken?“, fragte Willi verwundert. „Ja“, sagte Naomi, „ihr habt mich so dargestellt, wie ich bin. Das gefällt mir.“
Jetzt wurde Cynthia klar, was Naomi gestern gefehlt hatte.
„Da haben wir uns wohl vertan!“, grinste Willi.
„Wie habt ihr den Schneemann so schwarz bekommen?“, wollte Cynthia wissen. „Mit Kohlenstaub?“
„Damit haben wir es probiert“, antwortete Willi, „aber es funktionierte nicht.“
„Mit dem schwarzen Haarlack meiner Schwester ging es entschieden besser“, lachte Gerd.
Wenn es etwas zu gucken gab, war Herr Kleppmann nicht weit.
„Was ist denn das?!“, rief er. Er blickte zwischen Naomi und dem Schneemann hin und her und lachte. „Keine schlechte Idee“, sagte er dann. Es klang nett und freundlich.
„Mit dem haben wir uns wohl auch vertan, der ist gar nicht so schlimm“, sagte Cynthia.
„Glaub’ ich auch“, erwiderte Naomi. Herr Kleppmann war nicht der Einzige, der sich den Schneemann ansah. Mancher aus der Nachbarschaft blieb stehen, schüttelte den Kopf oder lachte. Gerd, Willi, Naomi und Cynthia wurden an diesem Nachmittag nicht sofort Freunde. Aber man sah sie jetzt öfter zusammen.

ten Haaf

Alle Jahre wieder

In den Fenstern hängen Sterne,
von den Kindern selbst gemacht.
Einer scheint aus Gold zu sein,
den hat der Vater mitgebracht.

In der Stube liegt ein Kranz
mitten auf dem großen Tisch.
Eine Kerze hat gebrannt,
die drei anderen sind noch frisch.

Zwei Adventskalender strecken
schon die ersten Türchen auf.
Jeden Tag wird's eines mehr,
die Kinder freuen sich darauf.

Und ein Riesennikolaus
lacht die Kinder fröhlich an.
Wenn man an dem Faden zieht,
hüpft er wie ein Hampelmann.

Mutter bäckt die ersten Plätzchen,
stellt sie schnell in ein Versteck,
denn wenn Vater sie erst findet,
isst er heimlich alle weg.

Es wird wieder mehr erzählt
bei dem hellen Kerzenschein.
Und die Eltern wünschen sich
selber noch mal Kind zu sein.

Die Kinder malen jetzt sehr viel
und singen Weihnachtslieder.
Zuerst klingt es noch seltsam
fremd,
wie alle Jahre wieder.

Manfred Mai

Kapitel 3

Bald kommt der Nikolaus

Wenn's schneit, wenn's schneit

Wenn's schneit, wenn's schneit,
ist Weihnacht nicht mehr weit.
Dann geht der alte Nikolaus
mit seinem Sack von Haus zu Haus.

Wenn's schneit, wenn's schneit,
ist Weihnacht nicht mehr weit.
Dann kann man durch die Straßen gehn
und all die schönen Sachen sehn.

Wenn's schneit, wenn's schneit,
ist Weihnacht nicht mehr weit.
Dann riecht es, ach, so wundersam,
nach Äpfeln und nach Marzipan.

Volksgut

Der Esel des Sankt Nikolaus

Als der Winter wieder einmal gekommen war, der Schnee in dicken Flocken zur Erde fiel und die Weihnachtszeit nahte, kam Sankt Nikolaus in den Stall, in dem sein Eselchen stand, klopfte ihm auf den glatten Rücken und sagte: „Nun, mein Graues, wollen wir uns wieder auf die Reise machen?“ Der Esel stampfte lustig mit den Füßen und wieherte leise.

So zogen sie denn zusammen aus, der Esel hoch bepackt mit Säcken, Sankt Nikolaus in seinem dicken Schneemantel, mit hohen Stiefeln und großen Pelzhandschuhen. Wie sie so durch den Wald zogen, knirschte der Schnee unter ihren Füßen und ihr Atem flog in großen Wolken um sie herum; aber Sankt Nikolaus lachte doch mit seinen fröhlichen alten Augen in die Welt hinein und das Eselchen schüttelte sich vor Vergnügen, so dass die silbernen Glöcklein weit über das Feld klangen.

Im nächsten Dorf kehrten sie ein, denn sie waren beide hungrig. Sankt Nikolaus stellte sein Eselchen in den Stall und setzte sich selbst in die warme Stube zu einem Teller Suppe. Im Stall standen ein paar Pferde; auch ein Esel war unter ihnen, und gerade neben diesen – es war ein großer Mülleresel – kam unser Eselchen zu stehen.

„Was bist denn du für ein Kauz?“, fragte der große Esel verächtlich.

„Ich bin der Esel des Sankt Nikolaus“, antwortete stolz unser Grauer.

„So“, höhnte der Mülleresel, „da bist du auch etwas Rechtes! Immer hinter dem Alten herlaufen; im Schnee stehen vor den Häusern; fast erfrieren und verhungern, ehe du wieder in deinen Stall kommst; keinen rechten Lohn; immer das gleiche Futter, jahraus, jahrein. Ich würde mir so etwas nicht gefallen lassen.“

„Ja, hast du es denn besser?“, fragte erstaunt das Eselchen. „Du musst doch auch Säcke tragen, oder nicht?“

„Natürlich“, prahlte der Esel, „aber nur, wenn es mir passt! Und zwischendurch laufe ich herum und gehe, wohin ich will! Habe ich Hunger, so komme ich heim und fresse, aber nicht nur dein lumpiges Heu, nein, Hafer, so viel es mir beliebt, und Brot und Zucker bringt man mir.“

Das Eselchen glaubte dem Aufschneider alles, denn beim Sankt Nikolaus hatte es natürlich nicht lügen gelernt. Solch ein Leben schien ihm beneidenswert; denn Hafer, Brot und Zucker bekam es nur selten.

„Es war natürlich nicht immer so“, fuhr der Mülleresel fort, „aber einmal lief ich einfach davon und kam acht Tage nicht wieder heim. Seither

lassen sie mich machen, was ich will. Weißt du was, lauf deinem Alten auch einmal davon und lass ihn seine Säcke allein schleppen! Du sollst sehen, wie es nachher anders wird! Lauf, lauf, die Tür ist eben offen und du bist nicht angebunden!“

Das Eselchen, das wirklich ein rechtes Eselchen war, wurde ganz verwirrt im Kopf von all dem Neuen, und da ihm der große Esel Achtung einflößte und man auf das Böse viel leichter hört als auf das Gute, besann es sich nicht lange und ging wirklich zur Tür hinaus. Dort schüttelte es sich, schlug übermütig aus, dass der Schnee davonstob und galoppierte zum Hof hinaus, über die Straße, durch den Kartoffelacker und lief in den Wald. Dort sprang es hin und her, rannte mit den Hasen um die Wette, spielte mit den Hirschen und Rehlein und machte hohe Sprünge, um den Schnee abzuschütteln, der von den Tannen auf seinen Rücken fiel.

Das Eselchen wurde schließlich müde und auch hungrig. Es lief auf eine große Wiese, um etwas Essbares zu suchen. Der Schnee aber war sehr hoch und hart gefroren, und das Eselchen fand nicht das kleinste Kräutlein. Als es weiterlief, sah es am Ende der Wiese, hart am Waldesrand, ein altes Mütterlein gehen, das auf seinem Rücken eine große Bürde Holz schleppte. Mühsam und langsam ging es vorwärts und atmete schwer.

Das Eselchen, das im Grunde ein gar liebes Eselchen war und bei Sankt Nikolaus nur Gutes gelernt hatte, ging ganz nahe zu dem Mütterchen hin und blieb vor ihm stehen, senkte auch seinen Kopf und sah mit seinen klugen Augen die alte Frau so aufmunternd an, dass diese das Tier wohl verstand. Sogleich lud sie ihm ihr Holz auf den Rücken, tätschelte ihm den Hals und machte: „Hö!“, und das Eselchen trottete sanft hinter dem Mütterchen her, bis sie das kleine Haus erreicht hatten, weit draußen vor dem Dorf.

Kaum war das Holz abgeladen, kamen die Enkelkinder der Alten, sprangen um den Esel herum und schrien: „Ach, lass mich reiten, lass mich reiten!“

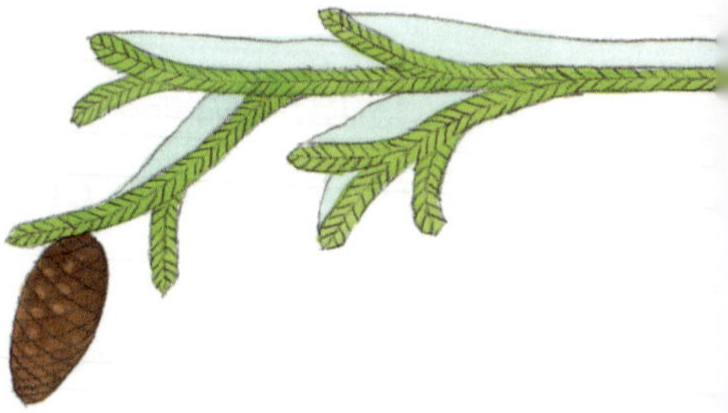

Das Eselchen, das von Sankt Nikolaus gelernt hatte, die Kinder lieb zu haben, ließ sie reiten. Erst die Mädchen, dann die Buben, dann wieder die Mädchen und wieder die Buben; zuletzt saßen zwei auf, ritten gegen das Dorf, schrien hü und hott und schwangen ihre Mützen. Vor dem Dorf warf sie das Eselchen ab und es gab ein großes Gelächter und Geschrei. Darauf sprangen die Kinder heim; das Eselchen lief weiter und wusste nicht recht, wohin es gehen sollte. Es war schon müde, und Hunger und Durst hatte es auch. Langsam lief es in den Wald zurück und dachte an seinen warmen Stall, an das viele Heu, das es immer bekam und an den guten Sankt Nikolaus, der ihm beim Fressen jedes Mal über den Rücken strich. Traurig stapfte das Eselchen vorwärts; hie und da fiel ein Tannenzapfen herunter oder es krachte ein dürrer Ast; aber sonst war es still. Die Dämmerung kam und dem Eselchen wurde es unheimlich. Wenn es nur den Weg gewusst hätte! Wenn es doch nur wieder daheim wäre, dachte es betrübt und senkte den Kopf tief, tief herunter.
Nachdem der gute Sankt Nikolaus seine Suppe gegessen hatte, ging er in den Stall, um das Eselchen herauszuholen. Aber da war kein Eselchen mehr! Er suchte es überall und fragte alle Leute, ob sie sein Eselchen nicht gesehen hätten; aber niemand hatte es gesehen. Da kam er auf die Straße und sah im Kartoffelacker Spuren von kleinen Hufen. Er ging den Spuren nach und richtig, als Sankt Nikolaus den Hügel hinter dem Dorf hinanstieg, sah er das Eselchen ganz traurig stehen. Es war so müde, dass es nicht einmal den Kopf wandte, als es Schritte hörte.
„Graues!“, rief Sankt Nikolaus.
Potztausend, was machte es da für einen Sprung und wie lief es hin zu Sankt Nikolaus, den es, obwohl es ganz dunkel war, gleich erkannte. Es wieherte vor Freude, schmiegte sich dicht an ihn und rieb seinen Kopf an dem weichen, wohl bekannten Pelzmantel.
„Aber Graues“, sagte Sankt Nikolaus, „was machst du für Sachen!“
Da schämte sich das Eselchen gewaltig.

Sankt Nikolaus nahm es am Zaum; die beiden guten Freunde trotteten durch den Schnee zur nächsten Herberge, und als das Eselchen auf sauberem Stroh im Stalle stand, das duftende Heu vor sich, und Sankt Nikolaus es hinter den Ohren kraulte, da dachte es: Diesmal bist du aber ein wirklicher Esel gewesen!

Lisa Wenger

Die Legende vom Nikolaus und Jonas mit der Taube

Schon viele Monate brannte die Sonne Tag für Tag auf die Erde. Das Gras färbte sich braun und raschelte dürr im Wind. Auf den Feldern verdorrte das Korn. Selbst an den großen Bäumen begann das Laub zu welken. Keine Wolke zeigte sich am Himmel. Es wollte und wollte nicht regnen. Die Wasserstellen waren längst ausgetrocknet. Nur die tiefsten Brunnen spendeten noch Wasser. Die Frauen schöpften daraus. In Krügen trugen sie das kostbare Wasser auf ihren Köpfen heim. Die Tiere fanden nicht ein grünes Kraut. Auch die Menschen litten Hunger. Über das ganze Land verbreitete sich eine Hungersnot.
In der Stadt Myra waren die Vorratskammern längst leer. Selbst für viel Geld gab es keinen Bissen mehr zu kaufen. Die Kinder weinten und schrien nach Brot. Doch die Mütter konnten ihnen nicht einmal eine harte Kruste geben. Die Ratten liefen bereits am hellen Tag durch die Straßen und suchten in den Gossen nach Nahrung. Sie fanden nichts.
Da näherten sich eines Tages drei Schiffe dem Hafen am Meer. Sie kamen aus der fernen Stadt Alexandria. Schwer beladen waren sie und

lagen tief im Wasser. Sie wollten Korn in die Kaiserstadt Konstantinopel bringen. Nikolaus war zu dieser Zeit Bischof in der Stadt Myra. An dem Tag, als die Schiffe auf den Hafen zusteuerten, machte er sich auf den Weg.

Er wollte einen Kranken besuchen.

Unterwegs bemerkte er einen Jungen, der die Straße zum Hafen hinablief. Trotz aller Eile barg er behutsam eine blaue Taube an seiner Brust.

„Wer bist du?“, fragte der Bischof den Jungen und schritt neben ihm her.

„Ich bin Jonas mit der Taube.“

„Deine Taube ist ein schöner Vogel“, sagte der Bischof.

„Sie ist müde und matt“, klagte der Junge. „Vorgestern gab ich ihr das letzte Maiskorn, das ich hatte. Seit gestern rührt sie keinen Flügel mehr.“

„Und wohin willst du so eilig?“, fragte der Bischof weiter.

Da antwortete der Junge: „Ich will zum Hafen, Herr Bischof. Da sollen drei Schiffe festgemacht haben.“

„Drei Schiffe?“ Der Bischof staunte. „Was wollen denn Schiffe in unserem Hafen? Bei uns gibt es nichts mehr, was sie einladen könnten.“

„Die Schiffe sind voll beladen“, sagte der Junge. „Kornschiffe sind es. Sie kommen aus Alexandria und wollen nach Konstantinopel weitersegeln.“

Da nahm Nikolaus den Jungen bei der Hand und ging mit ihm zum Hafen. Schiffe, mit Korn hoch beladen, das konnte die Rettung für die Menschen in Myra bedeuten. Aus Korn kann man Mehl mahlen. Aus Mehl wird Brot. Brot stillt den Hunger. Korn bedeutete das Ende der Hungersnot. Niemand musste mehr am Hunger sterben. Brot, das war Hoffnung in Todesnot.

Auf dem freien Platz vor dem Hafen drängten sich viele Menschen. Sie waren herbeigeeilt, weil sie die Kornschiffe sehen wollten. Jeder hoffte, dass er Korn kaufen könnte.

„Ich werde Korn für meine Taube bekommen“, sagte der Junge. Weil

sein Magen vor Hunger knurrte, fügte er hinzu: „Und auch für mich möchte ich Korn haben.“

Doch es war kein Jubel zu hören. Niemand stieß einen Freudenschrei aus. Stumm standen die Menschen und starrten auf die Schiffe. An der Bordwand der Lastschiffe hatten sich die Matrosen versammelt. Sie trugen Lanzen in den Händen. Drohend richteten sie die Spitzen ihrer Waffen gegen die Menge. Jonas mit der Taube hielt die Hand des Bischofs ganz fest. Er hatte Angst vor den finsteren Gesichtern der Matrosen.

Nikolaus drängte sich bis zur Hafenmauer vor. „Wo ist der oberste Kapitän dieser Schiffe?“, rief er. „Ich möchte mit ihm sprechen.“

„Ich bin der oberste Kapitän“, antwortete ein großer, schwarzbärtiger Mann.

„Kann ich zu dir auf das Schiff kommen?“, fragte der Bischof.

„Komm auf das Schiff, aber komm allein!“, sagte der Kapitän.

Zwei Matrosen schoben ein schmales Brett vom Schiff bis auf die Ufermauer. Nikolaus ließ die Hand des Jungen los und schritt über den schwankenden Steg. Die Planke wippte.

Dem Bischof wurde ein wenig schwindelig. Da lief Jonas mit der Taube ihm leichtfüßig nach, ergriff wieder seine Hand und führte den Mann sicher hinüber. Beide gelangten heil an Bord des Schiffes.

„Was willst du von mir?“, fragte der Kapitän.

„Du siehst, Kapitän, die Leute in Myra leiden großen Hunger. Nirgendwo in der ganzen Gegend kann man Brot kaufen. Deine Schiffe sind bis an den Rand mit Korn gefüllt. Verkaufe den Leuten einen Teil deiner Ladung.“

„Das darf ich nicht“, antwortete der Kapitän. „In Alexandria ist die Ladung genau gewogen worden. Kein Korn zu viel, kein Korn zu wenig. Du weißt selber, was mit einem Kapitän geschieht, der seine Ladung nicht bis auf das letzte Pfund in Konstantinopel abliefert. Der Kaiser lässt ihm den Kopf abschlagen.“

„Aber die Leute müssen sterben, wenn du ihnen nicht hilfst“, sagte der Bischof.

Einen Augenblick lang dachte der Kapitän nach. Dann aber schüttelte er den Kopf und sagte: „Mein Hals ist mir näher als euer Hunger. Wenn ich zwei Köpfe besäße, dann würde ich einen wohl wagen, um euch aus der Not zu helfen."

„Hat nicht der Heiland mit fünf Broten die große Volksmenge satt gemacht? Sind nicht damals zwölf Körbe Brot übrig geblieben?", fragte der Bischof. „Hilf uns, und kein Körnchen wird an deiner Ladung fehlen."

„Ich kenne die Jesusgeschichte sehr gut", sagte der Kapitän. „Wenn das stimmt, dass mir kein einziges Korn fehlen wird, dann will ich dir helfen."

Der Kapitän zog ein Stück Kreide aus der Tasche. Er kletterte an der Strickleiter bis zum Wasser hinunter. Genau dort, wo das Wasser die Schiffsplanken berührte, machte er einen Kreidestrich an die Bordwand. Neugierig beugte sich Jonas mit der Taube über die Reling und schaute ihm zu.

„Wir werden es sehen", sagte der Kapitän listig. „Ihr könnt von dem Korn nehmen, so viel ihr wollt. Doch ihr tragt es nicht weg, sondern schüttet es auf das Pflaster des freien Hafenplatzes. Wenn die Ladung leichter wird, hebt sich mein Schiff ein wenig aus dem Wasser. Der Kreidestrich steigt dann höher hinauf. Wenn das geschieht, müsst ihr das ganze Korn wieder einladen. Ihr gebt euch dann zufrieden."

Nikolaus nickte.

„Stimmt aber dein Wort", fuhr der Kapitän fort, „dann steigt das Schiff kein Stückchen und der Kreidestrich wird genau in der Höhe des Wasserspiegels bleiben. Die Ladung wird, wie du gesagt hast, nicht leichter. In diesem Falle könnt ihr das Korn behalten, das ausgeladen wurde."

Die Matrosen auf dem Schiff lachten. Sie kannten ja das Ergebnis schon im Voraus.

„Warum lachst du?", fragte Jonas mit der Taube den alten Matrosen, der neben ihm stand.

„Hat je ein Mensch erlebt, dass ein Schiff sich nicht aus dem Wasser hebt, wenn es ausgeladen wird?“, antwortete der Matrose.
„Bischof Nikolaus lügt nicht, wart es nur ab“, sagte Jonas mit der Taube.
Da streichelte der alte Matrose mit seinen rauen Händen ganz zart das Kopfgefieder der Taube, bückte sich, griff eine Hand voll von den Körnern und steckte sie dem Jungen in die Tasche. „Da“, sagte er, „damit du nicht ganz vergebens geglaubt hast.“
Einige Männer aus Myra durften über die Planke gehen und das Schiff betreten. Sie luden das Korn in Säcke, hoben die Last auf ihre Schultern und schleppten sie an Land. Dort schütteten sie die goldenen Körner auf das glatte Steinpflaster.
Allmählich wuchs der Körnerhaufen zu einem kleinen Hügel.
„Schluss jetzt!“, rief der Kapitän. „Wir wollen sehen.“
Alle Männer aus Myra mussten das Schiff verlassen. Der Kapitän beugte sich über die Bordwand und schaute nach dem Kreidestrich. Er traute seinen Augen nicht und kletterte die Leiter hinunter. Der Kreidestrich und der Wasserspiegel standen immer noch auf gleicher Höhe. Ungläubig starrte er auf die schwarzen Planken. Doch es gab keinen Zweifel, das Schiff war nicht leichter geworden.
Vielleicht ist es noch nicht genug, dachte er und befahl: „Weiter! Nehmt mehr von dem Korn!“
„Siehst du?“, sagte Jonas mit der Taube zu dem alten Matrosen. Dann hockte er sich auf die Planken des Schiffes nieder. Er hatte für sich selbst noch keinen Bissen von dem Korn genommen. Seine Taube aber pickte Korn um Korn aus seiner hohlen Hand.

Viele Säcke leerten die Männer aus. Der Berg von Korn wurde schließlich so hoch, dass kein Mensch darüber hinwegschauen konnte. Der Kapitän aber wandte kein Auge von dem Kreidestrich. Doch dieser stieg nicht einen Fingerbreit aus dem Wasser. Das Schiff wurde nicht leichter. Auch die Matrosen sahen es jetzt: Im Schiffsbauch wurde das Korn nicht weniger, so viel die Männer auch aus dem Laderaum herausschleppten.

„Genug, ihr Männer!“, sagte schließlich der Bischof. „Das Korn reicht aus. Wir haben genug zu essen bis zur nächsten Ernte. Und für die neue Saat wird das Korn auch reichen. Die Hungersnot hat ein Ende.“

Da fielen alle, die dabei gewesen waren, auf die Knie nieder. Sie lobten und dankten Gott. Die einen dachten dabei an das Wunder, das sie mit eigenen Augen gesehen hatten, und die anderen dachten an die Hungersnot, aus der sie so wunderbar errettet worden waren.

Die Matrosen aber legten ihre Lanzen nieder und verließen die Schiffe. Die Menschen von Myra reichten ihnen die Hände. Sie waren glücklich und jubelten Bischof Nikolaus zu. Der bestimmte Männer, die von dem Korn an die Leute austeilten. Jonas mit der Taube ritt hoch auf den Schultern des alten Matrosen vom Schiff hinab auf den Platz am Hafen.

„Er hat es von Anfang an geglaubt“, rief der alte Matrose laut über den Platz.

Später segelten die drei Schiffe wieder davon, der fernen Stadt Konstantinopel zu. Die Taube aber regte ihre Flügel, hob sich hoch in die Luft und begleitete die Schiffe ein Stück auf das Meer hinaus. Dann erst kehrte sie zu dem Jungen zurück.

Wer diese Legende kennt, der weiß, warum die Armen und Hungernden den heiligen Nikolaus besonders verehren. Auch heute noch singen die Kinder:

„Nikolaus, komm in unser Haus,
pack die große Tasche aus.“

Willi Fährmann

Nikolaus! Nikolaus!

Weise: *Hans Poser*

Aus dem Wald kommst du bald,
hast dein volles Säckelein dir umgeschnallt.
Schüttel es nur tüchtig aus,
denn wir sind 'ne Menge Kinder hier im Haus.

Nikolaus, Nikolaus!
Wann kommst du denn endlich mal in unser Haus?
Alle Kinder, groß und klein,
wollen immer artig und gehorsam sein.

Der Nikolaus

„Mama!“
„Ja, Sabine, was ist?“
Sabine stützte ihr Kinn in die Hände. „Also –“
„Du sollst nicht jeden Satz mit also anfangen!“, unterbrach sie ihre Mutter.
„Gut, also…“
„Schon wieder!“
„Nein, ich habe ihn doch mit gut angefangen.“
Ihre Mutter gab auf. „Was willst du?“
„Also, wir haben im Kindergarten gelernt: Der richtige Nikolaus wohnte in Myra. Das ist in Kleinasien.“
„Danke, das wusste ich schon.“
„Aber ich nicht. Kleinasien – das ist heute die Türkei. Ist das da, wo wir schon mal waren?“
„Ja.“
„Also, die Leute hatten den Nikolaus gerne, weil er geholfen hat.“
„Stimmt.“
„Den armen Leuten hat er geholfen. Damit wir uns daran erinnern, verkleidet sich heute jemand für uns und spielt Nikolaus.“
„Ich sehe dir an der Nasenspitze an, dass du etwas vorhast.“
Sabine stellte sich vor den Spiegel. „Die Nase ist wie immer. Wie kannst du daran erkennen, dass ich etwas vorhabe?“
„Wenn du später Kinder hast, siehst du das auch.“ „Aha.“
„Und was hast du vor?“
„Ich möchte Herrn Brett helfen.“
„Herrn Brett, unserm Nachbarn? Der ist doch stinkereich!“
„Frau Limper“ – Frau Limper ist Sabines Kindergärtnerin – „hat gesagt: Manchmal können auch reiche Leute arm sein. Also zum Beispiel, wenn sie sehr alleine sind. Herrn Bretts Söhne sind ausgezogen und vor kurzem ist seine Frau gestorben.“

„Ich meine, da müsste man sich eher um andere Leute kümmern." Sabine sah aus dem Fenster und schwieg. Die Mutter wusste, dass ihre Tochter einen Dickkopf hatte. Deswegen fragte sie: „Und wie willst du Herrn Brett helfen?"
„Mal sehen."
„Ich würde es lassen. Herr Brett ist selten freundlich."
Sabine ließ es nicht. Sie wartete einen Nachmittag ab, an dem ihre Mutter nicht da war. Dann rannte sie zu Piet. Mit dem verstand sie sich gut. Er ging schon in die Schule. Piet musste etwas für sie schreiben. Danach klingelte sie bei Frau Gerig. Die verwaltete zwei Nikolauskostüme, die man sich bei ihr ausleihen konnte.
„Was suchst du denn hier?", fragte die hagere Frau Gerig.
„Also, ich wollte gern ein Nikolauskostüm holen", antwortete Sabine. Frau Gerig war schon alt. Vor Nikolaus wurde das Kostüm oft ausgeliehen. Sabines Mutter war in vielen Vereinen. Wahrscheinlich brauchte sie es für eine Vereinsfeier.
„Wann kommt es zurück?"
„Heute noch."
„So schnell?" Frau Gerig wunderte sich, aber sie holte eines der Kostüme.
„Danke!", sagte Sabine, lief nach Hause und zog sich um. Alles war viel zu lang, die Mitra rutschte ihr über die Nase. Aber sie zog das Gewand, das mit einem Bauchstrick gehalten wurde, so lange hoch, bis sie die Füße sehen konnte. Die Mitra stopfte sie mit Papier aus. Dann marschierte sie los. Die Leute drehten sich verwundert um.
Vor Herrn Bretts Tor drückte Sabine auf den Klingelknopf.
„Wer ist da?", fragte eine Frauenstimme. Das war Frau Bierl, die Herrn Brett den Haushalt machte.
„Der Nikolaus", antwortete Sabine.
„Der Nikolaus?"
„Ja."

Danach öffnete sich das Tor und am Ende der Einfahrt die Haustür.
„Ist Herr Brett da?“, fragte Sabine.
„Ja, aber er hat viel…“ – Sabine ließ Frau Bierl nicht ausreden, sondern ging weiter. Sie hörte, wie die Haushälterin hinter ihr das Lachen unterdrückte. Dann überholte sie Frau Bierl, öffnete eine Tür und sagte, wobei sie sich vor Kichern kaum halten konnte:
„Entschuldigen Sie – aber hier – ist der – Nikolaus.“
Herr Brett, ein großer, dicker Mann sah zuerst in die Höhe, aber da er da niemanden entdecken konnte, anschließend auch tiefer.
„Ich glaube, das ist die Sab…“ –
„Ruhig, Frau Bierl!“, befahl Herr Brett streng. „Sie sehen, dass der Nikolaus bei uns ist, also benehmen Sie sich entsprechend!“
Frau Bierl versuchte nicht zu kichern, aber das fiel ihr schwer.
„Nun, heiliger Mann, warum bist du gekommen? Um mir meine Fehler vorzuhalten?“, fragte Herr Brett.
„Nein“, erwiderte Sabine, „ich will dir helfen.“
„Mir?“
„Ja, ich glaube, dass du einsam bist, zumindest manchmal. Und da hab’ ich dir etwas mitgebracht.“
Herr Brett kam aus dem Staunen nicht mehr heraus. Sabine winkte Frau Bierl herbei, sie musste den Stab halten, dann holte sie einen Zettel aus einem Handschuh hervor und gab ihn Herrn Brett.
„Gutschein für zwei Nachmittagsbesuche von Nachbarskind Sabine Mollmann“, las er vor.
„Die Leute behaupten: Geld hast du genug. Da ist so etwas besser. Mit Sabine kann man schön spielen. Sie hat viel Fantasie. Sagt jedenfalls ihre Kindergärtnerin.“
Herr Brett brachte den Nikolaus persönlich zur Tür.
„Vielen Dank für dein Kommen!“, sagte er. Sabine glaubte dabei einen feuchten Glanz in den Augen des großen, dicken Mannes zu sehen. Ganz sicher, war sie sich allerdings nicht. Sicher war dagegen, dass Herr Brett sie und ihre Mutter von diesem Tag an sehr freundlich grüßte.

„Was ist denn in den gefahren?“, fragte sie. Sabine erzählte, was sie getan hatte.

„Unglaublich“, sagte Mama, „wo hast du nur den Mut dazu her?“

„Also, das weiß ich auch nicht.“

„Du sollst nicht immer also sagen!“

„Und warum?“

„Also –“, ihre Mutter brach ab und lachte.

„Jetzt bin ich selbst schon so weit!“, rief sie.

Dann strich sie Sabine über die Haare. Sie wirkte fast ein wenig stolz auf ihre Tochter.

ten Haaf

Lieber, guter Nikolas

Heiliger Sankt Nikolaus,
komm in unser Haus,
triffst ein Kindlein an,
das ein Sprüchlein kann,
das schön folgen will,
halte bei uns still,
schütt' dein Säcklein aus,
lieber Nikolaus.

Volksgut

Lieber, guter Nikolas,
bring uns kleinen Kindern was.
Die Großen lass nur laufen!
Die können sich was kaufen.

Volksgut

Der beschenkte Nikolaus

Einmal kam der heilige Nikolaus am sechsten Dezember zum kleinen Klaus. Er fragte ihn: „Bist du im letzten Jahr auch brav gewesen?"
Klaus antwortete: „Ja, fast immer."
Der Nikolaus fragte: „Kannst du mir auch ein schönes Gedicht aufsagen?"
„Ja", sagte Klaus. „Lieber, guter Nikolaus, du bist jetzt bei mir zu Haus, bitte leer die Taschen aus, dann lass ich dich auch wieder raus."
Der Nikolaus sagte: „Das hast du schön gemacht." Er schenkte dem Klaus Äpfel, Nüsse, Mandarinen und Plätzchen.
„Danke", sagte Klaus.
„Auf Wiedersehen", sagte der Nikolaus. Er drehte sich um und wollte gehen. „Halt", rief Klaus.
Der Nikolaus schaute sich erstaunt um. „Was ist?", fragte er.
Da sagte Klaus: „Und was ist mit dir? Warst du im letzten Jahr auch brav?" „So ziemlich", antwortete der Nikolaus.
Da fragte Klaus: „Kannst du mir auch ein schönes Gedicht aufsagen?"
„Ja", sagte der Nikolaus. „Liebes, gutes, braves Kind, draußen geht ein kalter Wind, koch mir einen Tee geschwind, dass ich gut nach Hause find."
„Wird gemacht", sagte Klaus. Er kochte dem Nikolaus einen heißen Tee. Der Nikolaus schlürfte ihn und aß dazu Plätzchen. Da wurde ihm schön warm. Als er fertig war, stand er auf und ging zur Türe. „Danke für den Tee", sagte er freundlich.
„Bitte, gerne geschehen", sagte Klaus. „Und komm auch nächstes Jahr vorbei, dann beschenken wir uns wieder."
„Natürlich, kleiner Nikolaus", sagte der große Nikolaus und ging hinaus in die kalte Nacht.

Alfons Schweiggert

Das goldene Buch

Es ist schon eine ganze Weile her, da freuten sich die Kinder überhaupt nicht auf den Nikolaus, denn er brachte keine Geschenke mit. Stattdessen las er nur aus seinem strengen goldenem Buch vor: „Du hast im März einer alten Frau das Bein gestellt, im August hast du deinen besten Freund angelogen und vorgestern hast du deinem Bruder Popel in die Milch geworfen!“ Solche und andere Geschichten über ihre schlechten Taten mussten sich die Kinder anhören – ausgerechnet in der Weihnachtszeit, der Zeit der Liebe!

Als Belohnung für die guten Taten aber streichelte Nikolaus den Kleinen nur über die Haare. Das war's dann schon und mit leeren Händen und einem schlechten Gewissen blieben die Kleinen zurück. Braver wurden die Kinder im nächsten Jahr von der Strafpredigt natürlich nicht. Man kann sich vorstellen, dass der Nikolaus bei den Kindern nicht besonders beliebt war.

Eines Jahres, am Abend vor dem sechsten Dezember, spazierte Nikolaus an einem Spielzeuggeschäft vorbei.

„Herr Nikolaus!“, rief ihm der Händler, in der Tür lehnend, nach, „ihr schaut so niedergedrückt aus.“

„Ach, die Kinder freuen sich überhaupt nicht auf mich, irgendetwas mache ich falsch ...“, sagte der alte Mann mit der großen, roten Bischofsmütze.

„Das ist meine Chance!“, dachte sich der clevere Geschäftsmann. Er setzte sein liebstes Weihnachtsgesicht auf: „Ha, wie wär's mit ein paar Geschenklein? Die kommen bei den Kleinen immer gut an! Kommen Sie, Sie brauchen auch nichts zu bezahlen, es ist ja für einen guten Zweck.“

Aus der Ecke seines Geschäfts holte der Händler einen alten Sack und füllte ihn mit lauter kleinen Büchern, Püppchen und Bärchen. „Der gute Zweck bin ich!“, lachte er sich heimlich ins Fäustchen, als er dem Nikolaus den Sack gab.

Dieser Nikolaustag brachte fröhliche Kinder hervor. Endlich bekamen sie auch mal eine Belohnung für die vielen guten Dinge, die sie das ganze Jahr über getan hatten. Schließlich sind ja alle Kinder die meiste Zeit brav! Auch im nächsten Jahr gab der Spielzeughändler dem Nikolaus wieder einen ganzen Sack voller Geschenke mit.

Als Nikolaus im übernächsten Jahr wieder zu dem Spielzeuggeschäft ging, rief ihm der Händler schon von weitem entgegen: „Willst du wieder Geschenke holen?"
„Ja bitte, die Kinder freuen sich schon darauf."
Zufrieden hob der Krämer die Nase und dachte: „Genau das hab ich gewollt, dass die Kinder jetzt auf die Geschenklein warten."
Dem Nikolaus schnodderte er entgegen: „Ich bin doch kein Wohltätigkeitsverein. Sollen die Eltern doch die Geschenke kaufen! Und jetzt scher' dich davon, alter Mann, sonst ziehe ich dir eins mit meinem Besen über."
Der Nikolaus verschwand. Mit hämischen Gelächter schloss der Spielzeughändler sein Geschäft ab.
Als er am nächsten Morgen den Laden wieder aufschloss, stand der Nikolaus still davor: „Was willst du schon wieder hier?!", fuchtelte

der Spielzeughändler mit der Faust. Der Nikolaus hatte sein strenges goldenes Buch dabei. Feierlich öffnete er es und begann zu lesen: „Im Januar habt ihr 22 Mal Kunden um ihr Geld betrogen, im Februar habt ihr eine Verkäuferin, die schon lange im Geschäft arbeitete, entlassen, weil sie euch zu alt …"
„Ist ja gut, schsch, nicht so laut", sagte der Mann, „komm erst einmal mit ins Geschäft, dort können wir alles besprechen!", heuchelte er und dachte sich: „Na warte, du alter Sack, dir werd' ich's zeigen!"
Der Nikolaus aber lächelte friedlich und im Ton unendlicher Güte las er die Schandtaten des Händlers noch lauter vor, schon drehten sich die ersten Vorübergehenden um. Jeden einzelnen Monat im ganzen Jahr hatte der Ladenbesitzer mindestens eine Missetat begangen. Die Stimme des Nikolaus wurde mit jedem Monat, den er vorlas, lauter. Eine Menschenmenge begann um ihn zu wachsen, doch da kam der Spielzeugverkäufer schon mit einem Riesensack an Spielzeug aus seinem Geschäft hinausgestürmt und stellte ihn mit flehentlichem Blick vor den Nikolaus. Der nickte: „Es freut mich, dass du auch in diesem Jahr wieder Geschenke für die Kinder spendest."
Er klappte sein strenges goldenes Buch zu und drehte sich zu dem Pulk Menschen herum. Lächelnd erklärte er: „Ich bin mir sicher, dass dieser Mann hier im nächsten Jahr keine Schandtat begehen und stets ehrlich sein wird. Ja, er wird bestimmt auch nächstes Jahr für den sechsten Dezember wieder viele Geschenklein bereithalten!"
Der Geschäftsmann stotterte mit hochrotem Kopf: „A-a-aber natürlich!"
Die Menschenmenge klatschte begeistert. So kam es, dass zum ersten und letzten Mal das strenge goldene Buch den Kindern am Nikolaustag wirklich zu etwas nütze war.

Stephan Geesing

Knecht Ruprecht

Von drauß', vom Walde komm ich her.
Ich muss euch sagen, es weihnachtet sehr!
Allüberall auf den Tannenspitzen
sah ich goldene Lichtlein blitzen
und droben aus dem Himmelstor
sah mit großen Augen das Christkind hervor.
Und wie ich so strolcht' durch den finsteren Tann,
da rief's mich mit heller Stimme an:
„Knecht Ruprecht", rief es, „alter Gesell,
hebe die Beine und spute dich schnell!
Die Kerzen fangen zu brennen an,
das Himmelstor ist aufgetan,
alt und jung sollen nun
von der Jagd des Lebens einmal ruhn.
Und morgen flieg ich hinab zur Erden,
denn es soll wieder Weihnachten werden!"
Ich sprach: „O lieber Herre Christ,
meine Reise fast zu Ende ist.
Ich soll nur noch in diese Stadt,
wo's eitel gute Kinder hat."
„Hast denn das Säcklein auch bei dir?"
Ich sprach: „Das Säcklein, das ist hier,
denn Äpfel, Nuss und Mandelkern
essen fromme Kinder gern."
„Hast denn die Rute auch bei dir?"
Ich sprach: „Die Rute, die ist hier.
Doch für die Kinder nur, die schlechten,

die trifft sie auf den Teil, den rechten!“
Christkindlein sprach: „So ist es recht,
so geh mit Gott, mein treuer Knecht!“
Von drauß’, vom Walde komm ich her.
Ich muss euch sagen, es weihnachtet sehr!
Nun sprecht, wie ich’s hierinnen find!
Sind’s gute Kind‘, sind’s böse Kind‘!

Theodor Storm

Nikolaus in Nöten

Heute ist schon der 5. Dezember und zum ersten Mal in meinem langen Berufsleben passiert mir, dem heiligen Sankt Nikolaus, so ein Patzer: Ich habe alle Geschenklein (500 000 000, das heißt: fünfhundert Millionen) beieinander und nur eines, das fünfhundertmillionenunderste fehlt noch! Und zwar für den kleinen Philipp. Ich, ein Heiliger und jedem Kind einfach als „Nikolaus", „Nikolausi" oder „Niko" bekannt, muss jetzt ein Geschenk kaufen! Sonst besorge ich die immer bei – oh, tut mir leid, aber das darf ich nicht verraten, das ist geheim! Ich muss wohl in ein so genanntes Kaufhaus gehen, da kann man bestimmt für ein paar Sterntaler etwas Nettes erstehen.
Nun, meine rote spitze Bischofsmütze, meinen oben gekringelten Bischofsstab und meinen langen roten Bischofsmantel mit dem weißen Pelzkragen könnte ich zu Hause lassen. Mmmh, aber mein langer, weißer Bart könnte mich verraten. Und das wäre undenkbar, dass ich schon einen Tag vor Nikolaus zu sehen wäre. Am besten, ich mache mich unsichtbar. Das ist kinderleicht: Man dreht – doch halt, auch das ist ein Betriebsgeheimnis!
Also, ich gehe in eines dieser Kaufhäuser. Gleich am Eingang werde ich von einer Dame gefragt: „Wo haben Sie denn diese dekorative Gardinenstange her, junger Mann?"
Sie deutet auf meinen Bischofsstab. Gerade will ich ihr erklären, dass nur Bischöfe einen solchen Stab tragen dürfen und ich kein junger Mann, sondern 1600 (das heißt: eintausendsechshundert) Jahre alt sei, da legt jemand seinen Arm um meine Schulter: „Komm Kumpel, Feierabend, wir holen uns die Kohle!"
Ich bin verblüfft: Es ist ein Herr, der genauso angezogen ist wie ich – bis auf die Turnschuhe und die blaue Brille, die er trägt! Und er trägt sogar einen wallenden, wolligen weißen Bart. Doch bevor ich etwas sagen kann, hat er mich schon auf eine dieser Rolltreppen geschoben. Mir dämmert es, dass ich mich vielleicht doch nicht richtig unsichtbar

gemacht habe! Und ich trage noch meine gesamte Bischofskluft! Wie mir das peinlich ist, zwei Nikoläuse, völlig unmöglich, vielleicht ein Albtraum? Die Kinder dürfen mich doch erst morgen sehen! Wer aber ist dieser Doppelgänger, der ständig auf mich einredet: „Biste neu hier? Hab dich hier noch nie gesehen. Arbeitest wohl in der Parfümerie, so schnieke wie du angezogen bist. Bist ein älteres Semester, oder was?“

Wir erreichen die oberste Etage. Ich möchte dem Herrn gerade Antwort geben, da sehe ich, sehe ich, es kann nicht sein: eine ganze lange Schlange von Doppelgängern! Große, kleine, dicke, dünne, alle mit Turnschuhen! Manche rauchen gar oder beißen in eine Currywurst, abscheulich! Und dann passiert das Unglaubliche: Alle diese angeblichen Nikoläuse ziehen sich die Bärte vom Kinn, sie sind nur aus Watte, entledigen sich ihrer Mäntel, die aus billigem Filz gefertigt scheinen, und einer steht plötzlich in einem Trainingsanzug in der Schlange! Mir wird schwindelig.
„Kumpel, alles klar? Du siehst blass aus. Willste dir nich’ den Bart und die warmen Klamotten ausziehen, Zigarette gefällig?“, sagt mein erster Doppelgänger.
„Aber, aber, ich bin echt!“, stammele ich. Merkt das denn niemand?
Mein Doppelgänger tippt sich an die Stirn: „Jajaa, und das Christkind gibt’s auch, oder was?“

„Aber selbstverständlich. Wir unterhalten uns regelmäßig während des Jahres, was die Kinder zur Weihnachtszeit wohl gerne hätten."
Mein Begleiter starrt mich verständnislos an und da begreife ich, natürlich: Alle diese jungen Herren spielen nur Nikolaus. Dass sich der Nikolaus schon am 5. Dezember oder in einem Kaufhaus zeigt, wäre ja auch unmöglich. Ähäm, es sei denn, ein Notfall liegt vor und ihm unterläuft ein Fehler beim Unsichtbarmachen – wie mir heute. In diesem Moment stupst mich ein kleiner Finger von hinten an. Ich drehe mich um, ausgerechnet der kleine Philipp steht vor mir, dessen Geschenk noch fehlt. „Bist du echt?", fragt er.
„Aber natürlich bin ich echt, glaubst du etwa nicht an mich?"
„Nö. Ich dachte, ich bin zu alt dafür. Ich bin nämlich schon fünf."
Stolz zeigt Philipp mir alle Finger seiner linken Hand. Ich beuge mich hinunter zu Philipp und flüstere in sein Ohr: „Um an den Nikolaus zu glauben, ist man nie zu alt. Ich beweise es dir."
Dann verrate ich ihm etwas, das ein Geheimnis zwischen Philipp und mir bleibt, dem heiligen Sankt Nikolaus, Bischof und Schutzpatron aller Kinder, Geschenkebringer zu Diensten Jahr für Jahr am 6. Dezember.
Und das fünfhundertmillionenunderste Geschenklein, das noch fehlt?
Das Kaufhaus macht gerade zu, aber Philipp hat eine gute Idee: „Bring mir nächstes Jahr einfach zwei."
Also schenke ich die magisch leuchtenden Sterntaler meinem Doppelgänger. „Ach du grüne Neune, dann bist du ja tatsächlich der…" Die Zigarette fällt ihm aus dem Mund.
Eben. Man ist nie zu alt, an den Nikolaus zu glauben.

Stephan Geesing

Knecht Ruprecht

Draußen weht es bitterkalt,
wer kommt da durch den Winterwald?
Stipp-stapp, stipp-stapp und huckepack –
Knecht Ruprecht ist's mit seinem Sack.
Was ist denn in dem Sacke drin?
Äpfel, Mandel und Rosin'
und schöne Zuckerrosen,
auch Pfeffernüss' fürs gute Kind –
die andern, die nicht artig sind,
klopft er auf die Hosen.

Martin Boelitz

Kapitel 4

Wir warten aufs Christkind

Christkind im Walde

Christkind kam in den Winterwald,
der Schnee war weiß, der Schnee war kalt.
Doch als das heil'ge Kind erschien,
fing's an im Winterwald zu blühn.

Christkindlein trat zum Apfelbaum,
erweckt' ihn aus dem Wintertraum,
schenk Äpfel süß, schenk Äpfel zart,
schenk Äpfel mir von aller Art.

Der Apfelbaum, er rüttelt sich,
der Apfelbaum, er schüttelt sich,
da regnet's Äpfel ringsherum;
Christkindleins Taschen wurden schwer.

Die süßen Früchte alle nahm's,
und also zu den Menschen kam's.
Nun, holde Mäulchen, kommt, verzehrt,
was euch Christkindlein hat beschert!

Ernst von Wildenbruch

Was die Spinne für Maria tat

Eines Abends hatten Maria und Josef Nachtquartier in einer Höhle genommen. Als sie eintraten, war gerade eine Spinne über den Weg gekrochen und Josef hatte sie schnell mit seinem Wanderstab verscheuchen wollen. Aber Maria hatte nur freundlich gesagt: „Ach Josef, lass nur das liebe Tierlein. Ich fürchte mich nicht vor Gottes Geschöpf und es ist ja Platz für uns alle hier."

Dann hatten sie sich bald zur Ruhe gelegt.

In jener Nacht aber blies ein tüchtiger Wind. Der wollte, ehe das Christkind geboren wurde, noch schnell alle Sterne am Himmel putzen, dass sie an Weihnachten auch schön golden glänzten. Der Wind pfiff auch in die Höhle hinein und seine Kälte setzte der armen Gottesmutter so zu, dass sie kein Auge zutun konnte, wie sehr sie sich auch in ihren Sternenmantel hüllte. Josef war neben ihr längst in den Schlaf gesunken und merkte nicht, wie sehr sie fror.

Einer aber merkte, wie es um Maria bestellt war: Das war die Spinne. Sie hatte die Gottesmutter längst in ihr kleines Herz geschlossen, weil diese so freundlich über sie geredet hatte. Nun machte sich die Spinne ans Werk und webte vor den Eingang der Höhle ein wunderbares, feines Gewebe, so gut sie es nur vermochte. Ihr meint vielleicht, ein Spinngewebe könne den Wind doch nicht draußen halten. Dieses aber, so zierlich es auch war, wirkte ganz so wie ein dicker, dichter Vorhang, an dem die Gewalt des Windes zerbrach. So konnte Maria doch noch gut schlafen.

Als sie aber am Morgen das feine Spinngewebe vor dem Eingang der Höhle sah, da erkannte sie, wer ihr geholfen hatte, und sie dankte dem kleinen Tierlein herzlich, das versteckt in einer Felsspalte saß und sich freute.

Georg Dreißig

Weihnachten ist heute

Es war einmal eine Frau, die immer an Weihnachten arme Kinder mit Plätzchen und Kuchen beschenkte. Schon lange vor dem Fest fing sie an zu backen, damit sie dann am Heiligen Abend genügend Plätzchen zum Verteilen hatte. Das tat sie dann in der Kirche vor der Krippe.
Als sie mit ihrer Arbeit fertig war, erfüllte ein herrlicher Duft das Haus und die ganze Straße. In Reih und Glied standen nun die Kuchen auf einem langen Tisch. Ihr Anblick erfüllte die Frau mit Stolz und Freude.
Da klopfte es plötzlich an die Tür. Vor der Tür stand ein fremdes Kind und sah sie bittend an.
„Gibst du mir einen Kuchen?“, fragte es.
Aber es reute die Frau, jetzt schon einen Kuchen wegzugeben.
„Wo denkst du hin!“, sagte sie, „Weihnachten ist erst übermorgen!“
„Weihnachten ist heute“, sagte das Kind.
Doch die Frau dachte nichts anderes, als dass das Kind mit einer List einen ihrer schönen Kuchen ergattern wolle. Sie wies ihm streng die Tür und fing an, die Plätzchen und Kuchen einzupacken.
Aber als sie damit in die Kirche kam, sah sie den Pfarrer und den Küster aufgeregt vor der Krippe stehen. Sie war leer. Da erinnerte sich die Frau an das fremde Kind und erschrak.
Sollte das Kind doch das Christkind gewesen sein?

Max Bolliger

Der Schönste von allen

Mama möchte zum Weihnachtsmarkt. Papa möchte nicht. „Ist doch jedes Jahr dasselbe“, meckert er. „Außerdem geht es da nicht um Weihnachten, sondern nur ums Geld.“
„Miesepeter“, sagt Mama.
„Bitte, bitte, komm doch mit!“, betteln Annalena und Alexander.
Papa schüttelt den Kopf. „Ich habe sowieso keine Zeit. Ich muss noch …“
„Nie hast du Zeit!“, ruft Alexander. „Immer musst du arbeiten!“
„Stimmt doch gar nicht“, wehrt sich Papa.
„Dann kannst du auch mit uns kommen“, sagt Annalena.
Alexander springt ihm in die Arme und klammert sich an ihn wie ein Äffchen. „Du musst mitkommen, dann ist es viel schöner.“
Da kann Papa nicht mehr nein sagen. „Also gut“, brummt er. „Aber zum allerletzten Mal.“
„Danke!“, ruft Alexander und gibt ihm einen schmatzenden Kuss.
Mama zwinkert den Kindern zu, und wenig später marschieren sie los.
Als sie sich den ersten Ständen nähern, kommt ihnen der Duft von Bratwürsten, brennenden Kerzen, gebrannten Mandeln und Pommes frites entgegen. Und schon haben die Kinder Hunger. Mama kauft beiden eine Portion Pommes. Dann schlendern sie weiter an den Ständen vorbei, bleiben da und dort stehen, schauen, reden, kaufen auch mal eine Kleinigkeit und gehen wieder weiter.
„Alexander!“ Die Eltern und Annalena sind schon beim nächsten Stand. „Alexander, nun komm schon!“
Aber Alexander rührt sich nicht. Er guckt und guckt.
Papa kommt zurück. „Was gibt’s denn da so Besonderes zu sehen?“
„Guck mal, wie die aussieht“, flüstert Alexander.
Jetzt sieht Papa das behinderte Mädchen. Es sitzt hinter dem Stand, der Kopf hängt ein wenig zur Seite, der Mund ist offen.
Papa nimmt Alexander an der Hand und will weiter.

„Ga hawen wir selbsch gemach“, sagt das Mädchen und zeigt auf die vielen Spielsachen. „Gie sin goch schön.“
Papa nickt. „Sehr schön.“
„Wir sind von der Behindertenwerkstatt“, erklärt eine Frau. „Wir möchten hier auf uns und unsere Arbeit aufmerksam machen.“
„Aha“, sagt Papa und kommt einen Schritt näher.
Alexander zupft ihn am Ärmel. „Den weißen Engel möchte ich.“
„Den?“, fragt Papa ungläubig. „Der ist doch ...“
„Der ist schön“, unterbricht ihn Alexander. „Der Schönste von allen.“
„Gen hawe ich gemach“, sagt das Mädchen und strahlt vor Freude.

Manfred Mai

Ein Geschenk für den Vogel

Nicht weit von Bobrek am Rande des großen Waldes steht ein altes, weißes Haus. Vor dem Haus in dem kleinen Garten wachsen Sonnenblumen, denn Sonnenblumen sind wichtig. Zum Beispiel an den Winterabenden! Die Kälte lauert vor den Türen und die Zeit wird lang. Da sitzt man gemütlich hinter dem Ofen und wartet. Man nimmt einen oder zwei Sonnenblumenkerne zwischen die Zähne, schon vergeht die Zeit schneller, und – das ist wichtig – man kann besser denken.

Der Mann, der in dem Haus wohnt – das ist der Onkel Poppoff. Er ist bloß ein einfacher Mann, aber Onkel Poppoff weiß von allem, was es bedeutet. Er versteht die Hasensprache, er kann lesen, was die Maikäfer auf die Baumblätter schreiben, er versteht, was die Raben mit ihren Flügeln an den Himmel kratzen, und kann – was für einen alten Mann nicht einfach ist – die Rotkehlchensprache pfeifen. Kommt durch Zufall einer an dem kleinen, weißen Haus vorbei, kann es sein, dass er jemanden pfeifen hört. Etwa so: „Tirilili tirilili tirililitirila, prülititi prülititi prülititi prülita." – Das ist die Rotkehlchensprache und der sie pfeift, das ist der Onkel Poppoff.

Bald kam der Winter über das Land und der Schnee deckte alles zu. Es war genau zu Weihnachten, da ging Onkel Poppoff auf den Vogelmarkt und kaufte einen Vogel. Einen Hänfling.

An diesem Tag war Onkel Poppoff allein. Und weil gerade Markt war im Dorf, zog er seine Handschuhe an, setzte seine Mütze auf und machte sich auf den Weg. Über die Felder, durch den Schnee, in das Dorf und auf den Markt. In jedem Jahr stand an der gleichen Stelle auf dem Markt der Vogelhändler.

Onkel Poppoff stand lange vor den Käfigen und schaute hinein. Er schaute den Vögeln ins Gesicht, denn an den Augen konnte er erkennen, welchen Vogel er kaufen wollte.

„Der da! Was ist mit dem da?", fragte er den Vogelhändler. Da saß in

einem kleinen Käfig auf dem Boden ein kümmerlicher, grauer Vogel. Er schaute vor sich hin und bewegte sich nicht. Wie tot.
„Ist bloß ein Hänfling“, sagte der Vogelhändler, „gewöhnlicher Vogel, singt nicht, piepst nicht, rührt sich nicht vom Fleck. Kostet nicht viel. Eins fuffzig mit Käfig – aber, und das sage ich ausdrücklich: ohne Garantie.“
„Käfig hab ich selber“, sagte Onkel Poppoff, „was kostet er ohne?“
„Neunzig“, sagte der Mann, und Onkel Poppoff besaß auch bloß neunzig, die er gespart hatte.
Er sagte: „Nehm ich“, und der Mann steckte den Hänfling in den kleinen Käfig, den der Onkel Poppoff in den Händen hielt.
„Ohne Garantie“, rief der Mann ihm nach, „das habe ich gesagt!“
Onkel Poppoff steckte den Käfig unter die Jacke, damit der Vogel nicht fror und ging nach Hause. Er blieb von Zeit zu Zeit stehen, blies

warme Luft in den Käfig, nahm ein paar Sonnenblumenkerne aus der Hosentasche, biss sie auf und legte sie dem Vogel hinein.
Zu Hause machte er ein Feuer an, stellte den Vogel auf den Tisch, gab ihm Futter und Wasser, und als der Abend kam, saßen sie beide vor dem Feuer und lauschten, ob die Glockentöne schon über das Feld kamen. Bald hatte sich der Vogel aufgewärmt, da hüpfte er herum und sang ein bisschen.
Die Nacht wurde immer tiefer. Es wurde still in der Stube, das Feuer fiel zusammen.
Dann nahm der Onkel Poppoff den Käfig, trug ihn nach draußen, machte die Käfigtür auf und schenkte dem Vogel seinen Wald wieder.
In dieser Nacht träumte Onkel Poppoff von einem Glockenton, der in den Himmel geflogen war und ein Stern wurde.

Janosch

Der winzige Tannenbaum

Es war einmal ein winziger Tannenbaum. Der war so klein wie ein Streichholz, nicht größer. Er hatte überhaupt keine Aussichten, ein Christbaum zu werden. Alle großen Leute wollten nämlich große Bäume, einen Meter fünfzig bis zwei Meter groß und keinen zündholzkleinen Tannenbaum.
So stand nun die winzige Tanne auf dem Christbaummarkt und wartete und wartete. Der Heilige Abend kam immer näher. Alle großen Tannen um sie herum waren schon verkauft. Der Weihnachtsbaumverkäufer kehrte bereits alle abgebrochenen Zweige und Äste zusammen, um sie in den Abfalleimer zu werfen. Gerade wollte er auch den Tannenwinzling aufkehren. Da – sirr – zischte ein glühwürmchengroßes Englein vorbei, packte den kleinen Baum am Wipfel und – hui – war es mit ihm schon auf und davon.
Der funkengroße Engel flog von Haus zu Haus und blickte in die Zim-

mer, in denen schon überall prachtvoll aufgeputzt die großen Christbäume standen. Plötzlich flog er an einem dunklen Fenster vorbei. Als er genauer hineinblickte, sah er eine alte, kleine Frau am Tisch sitzen. Eine winzige Kerze brannte vor ihr. Dahinter stand eine winzige Krippe, geschnitzt aus Zündhölzern. Leise flog der Engel durchs Schlüsselloch ins Zimmer und stellte den streichholzgroßen Tannenbaum neben die Streichholzkrippe. Die Frau erschrak, als sie den Engel sah. Der aber sagte: „Fürchte dich nicht. Ich bringe dir nur diesen Christbaum."
Dann sang er drei fröhliche Weihnachtslieder, funkte dreimal hell auf und flog durch das Schlüsselloch davon.
„So etwas", murmelte die alte Frau, „das war die größte Weihnachtsüberraschung in meinem Leben."
Und zärtlich strich sie dem winzigen Tannenbaum über seine winzigen Zweige.

Alfons Schweiggert

Der Tannenbaum

Im Walde steht ein
Tannenbaum
mit Nadeln spitz und fein,
damit näht sich der Distelfink
sein buntes Röckelein.

Er stehet da so kerzengrad,
und grün ist stets sein Kleid,
im Frühling und im
Sommer wohl
und auch zur Winterszeit.

Christkindchen schickt durch
Schnee und Eis
Herrn Niklas dann hinaus,
der schneidet ab den Tannenbaum
und nimmt ihn mit nach Haus.

Christkindchen hängt mit
zarter Hand
viel Nüss und Äpfel dran,
und Lichtlein steckt's auf
jeden Zweig,
dazu auch Marzipan.

Und kommt die liebe Weihnachtszeit,
da klingelt die Mama.
Wie steht der grüne Tannenbaum
so bunt und helle da!

Du Tannenbaum im dunklen Wald,
bald wirst du abgestutzt.
Drum freue dich, dann wirst du auch
gar herrlich aufgeputzt!

Georg Christian Dieffenbach

In letzter Minute

Eine Woche vor Weihnachten fragte Mama Papa, wann er endlich unseren Weihnachtsbaum kaufen wollte.
Papa sagte: „Einen Weihnachtsbaum kauft man immer im letzten Moment, am Heiligen Abend um ein Uhr nachmittags, weil die Weihnachtsbäume dann am billigsten sind."
„Dann sind aber die schönsten Bäume schon weg. Was übrig bleibt, ist meistens nichts", sagte Mama.
„Wenn man aber eine Nordmanntanne kauft, kriegt man immer etwas Schönes", meinte Papa. „Und das zum halben Preis. Hast du die Preise dieses Jahr gesehen? Unverschämt!"
So beschlossen die beiden, den Weihnachtsbaum im letzten Moment zu kaufen, wenn er am billigsten wäre.
Je näher Weihnachten rückte, desto unruhiger wurde meine Schwester Klara, weil die Bäume, die man vor ihrer Schule verkaufte, immer weniger wurden.
„Ich habe Angst", flüsterte sie mir zu, „dass es bald keine Bäume mehr gibt."
„Was sollen wir tun?"
„Fragen wir Mama!"
Mama meinte, es gäbe immer noch Bäume.
„Aber wenn nicht?", fragte Klara. „Was dann?"
„Dann muss Papa in den Wald gehen und dort einen Weihnachtsbaum für uns schlagen."
Das beruhigte uns ein bisschen, aber nicht ganz. Je näher der Heilige Abend rückte, desto öfter fragten ich und meine Schwester Klara die Kinder in unserer Straße: „Habt ihr schon einen Weihnachtsbaum?"
Einen Tag vor Heiligabend hatten alle schon einen – nur wir nicht. Aber wir hatten viele Strohsterne gebastelt und wir hatten auch zwei Engel, die Klara aus der Schule mitgebracht hatte. Sie sagte, sie habe sie selbst mit einer Schere aus Goldpapier ausgeschnitten. Ich versuchte auch

einen Engel aus Goldpapier auszuschneiden, aber es ging nicht. In der Schule hatten sie sicher andere Scheren.

„Wir haben so schöne Sachen", sagte Klara. „Jetzt brauchen wir nur den Baum."

Aber wir hatten noch keinen Baum. Das war sehr traurig.

Morgens am Heiligen Abend sagte Mama zu Papa: „Bitte, bring den Baum so früh wie möglich."

„Um zwei bin ich zu Hause", versprach Papa und fuhr weg.

Ich und Klara warteten zu Hause. Mit uns wartete Mama und schaute von Zeit zu Zeit erwartungsvoll durch das Fenster. Auch der Dackel Schnuffi wartete und bellte von Zeit zu Zeit. Es wurde ein Uhr, dann zwei, dann drei. Hinter den Fenstern der anderen Häuser konnten wir überall Weihnachtsbäume sehen. Nur wir hatten keinen.

Und Papa kam nicht. Plötzlich ging auch Mama weg. Ich und Klara und Schnuffi blieben allein zurück.

„Ich glaube", sagte Klara besorgt, „Papa hat den Weihnachtsbaum vergessen."

„Das kann nicht sein! Meinst du wirklich?"

„Es ist schon spät. Bald wird es vier Uhr."

„Was machen wir denn ohne Baum? Mama sagte, wenn Papa ohne Baum kommt, dann muss er in den Wald, um einen Weihnachtsbaum für uns zu schlagen."

„Aber ... aber, bis er kommt und in den Wald fährt, ist es sicher dunkel. Dann fängt schon Heiligabend an. Wo sollen wir dann die zwei Engel aufhängen?"

„Das weiß ich aber wirklich nicht."

„Weißt du, Klara“, schlug ich vor, „warum kaufen wir uns nicht schnell selbst einen Weihnachtsbaum? Ich habe zwanzig Mark in meinem Sparschwein. Wenn ich sie heraushole, das reicht vielleicht. Die Bäume sind jetzt sicher ganz billig.“
Ich holte das Geld heraus, und wir liefen beide zu Klaras Schule, vor der man Weihnachtsbäume verkaufte. Unser Dackel Schnuffi lief fröhlich mit uns. Gott sei Dank, es waren noch Bäume da. Ich drückte dem Verkäufer meine zwanzig Mark in die Hand. Klara rückte auch fünf Mark heraus, und dann begann sie zu feilschen. Sie konnte das so gut. Der Mann lachte und gab uns einen Baum, einen sehr guten sogar. Wir packten den Baum, Klara von der einen Seite, ich von der anderen. So gingen wir nach Hause, Schnuffi hinter uns her. Dort bekamen wir einen heiligen Schrecken. Wir sahen Papa einen riesigen Weihnachtsbaum vom Dach seines Wagens herunterholen.
„Woher habt ihr den Baum?“, fragte er staunend, als er uns sah. „Hoffentlich habt ihr ihn nicht gekauft?“

„Doch!“

„Aber warum? Warum?“

„Wir dachten, du bringst keinen mehr!“

„Oh, mein Gott“, stöhnte Papa und starrte plötzlich die Straße entlang, als ob er seinen Augen nicht trauen könnte. Wir wunderten uns, warum er mit uns nicht schimpfte, und schauten auch in diese Richtung. Da entdeckten wir Mama. Auch sie schleppte atemlos einen Weihnachtsbaum. So haben wir das Weihnachtsfest mit drei Weihnachtsbäumen gefeiert.

Dimiter Inkiow

Es gibt so wunderweiße Nächte

Es gibt so wunderweiße Nächte,
drin alle Dinge Silber sind.
Da schimmert mancher Stern so lind,
als ob er fromme Hirten brächte
zu einem neuen Jesuskind.

Weit wie mit dichtem Demantstaube
bestreut, erscheinen Flur und Flut,
und in die Herzen, traumgemut,
steigt ein kapellenloser Glaube,
der leise seine Wunder tut.

Rainer Maria Rilke

Florian rettet das Christkind

Florian freute sich auf Weihnachten. Florian freute sich auf dieses ganz besondere Weihnachtsgefühl, das ihn am Heiligen Abend immer befiel: dieses Kribbeln im Bauch und die Aufregung, die er bis in den linken kleinen Zeh spürte.

Florian freute sich auf die Weihnachtsgerüche, die am Heiligen Abend durch die Wohnung zogen: den Duft von Tannennadeln und brennenden Kerzen, von selbst gebackenen Plätzchen und frisch angeschnittenem Stollen.

Ganz besonders freute Florian sich natürlich auf seine Geschenke. Nur auf das Krippenspiel freute er sich nicht. Am Heiligen Abend kamen sehr viele Leute in die Kirche, um sich das Krippenspiel anzusehen. Es kamen alle Leute, die sonst immer in die Kirche gingen. Und es kamen alle Leute, die sonst nie in die Kirche gingen.

Florian mochte es nicht, so vielen Leuten etwas vorzuspielen. Aber seine Mutter sagte: „Das Christkind sieht doch, wenn du beim Krippenspiel mitspielst. Dann freut es sich und bringt dir besonders schöne Geschenke."

Florian war sich nicht so sicher, ob das stimmte. Er wusste überhaupt nicht so genau, wie sich das mit dem Christkind verhielt. Ob es die Geschenke wirklich brachte. Oder ob vielleicht die Eltern die Geschenke brachten. Oder der Weihnachtsmann, von dem in all seinen Bilderbüchern die Rede war. Aber vorsichtshalber spielte er doch lieber beim Krippenspiel mit. Sicher war sicher.

Dieses Jahr hatte er die Rolle des Esels übernommen. Da brauchte er sich nur einen großen Eselskopf aus Pappmaschee aufzusetzen, ihn im richtigen Moment über den Krippenrand zu schieben und dreimal laut: „I-ah! I-ah! I-ah!" zu sagen. Zugegeben, es war nur eine kleine Rolle, die er da spielte. Aber er war beim Krippenspiel dabei und das war schließlich die Hauptsache. Da konnte doch das Christkind gar nicht anders, als ihm schöne Geschenke zu bringen.

In der Adventszeit hatten sich die Kinder jede Woche getroffen und für das Krippenspiel geprobt. Der Kaiser Augustus musste mit einer Krone, die er aus gelbem Pappkarton gebastelt hatte, und einem langen bunten Umhang auf einer Leiter sitzen und sagen: „Geld! Ich brauche Geld! Ich brauche Geld für meine Soldaten! Ich brauche Geld für meine Armee!“ Und immer lauter nach Geld rufend kletterte er von seiner Leiter herunter und stapfte durch die Kirche nach draußen. Als Nächstes kamen Maria und Josef herein. Maria stützte sich schwer auf einen Stock, weil sie so müde war. Manchmal blieb sie stehen und sagte: „Ich kann nicht mehr.“ Und Josef antwortete tröstend: „Komm, Maria, es ist doch gar nicht mehr weit.“

Der Wirt, bekleidet mit einer Küchenschürze seiner Mutter, wies ihnen den Weg zur Krippe vor dem Altar. Dort knieten Maria und Josef nieder und Maria zog das kleine hölzerne Christkind aus dem Stroh, unter dem es bisher verborgen gewesen war.

Dies war der Moment, in dem Florian seinen Eselskopf über den Krippenrand schieben und dreimal laut: „I-ah! I-ah! I-ah!“ sagen sollte. Danach kamen noch die Hirten mit wollenen Westen und alten Hüten, weiße Plüschschafe unter den Arm geklemmt. Und am Schluss kamen die Heiligen Drei Könige, die die Kirche mit Ferngläsern nach dem Stern absuchten, der sie zur Krippe leiten sollte.

Am Vormittag des Heiligen Abends trafen sich die Kinder mit dem Pfarrer noch einmal zur Generalprobe. Der Kaiser Augustus rief: „Geld! Ich brauche Geld! Ich brauche Soldaten für mein Geld!“, und als er aus der Kirche stapfte, fiel ihm seine Krone vom Kopf. Maria klopfte so heftig mit dem Stock auf den Boden, dass man überhaupt nicht hören konnte, was sie sagte.

Josef zerrte sie im Geschwindschritt durch die Kirche. Der Wirt vergaß seinen Text, die Hirten vergaßen ihre Schafe und die Heiligen Drei Könige vergaßen ihre Ferngläser.
Nur Florian schob im richtigen Moment seinen Eselskopf über den Krippenrand und sagte dreimal laut: „I-ah! I-ah! I-ah!“
Der Pfarrer seufzte und sagte: „Ich glaube, wir probieren es lieber noch einmal.“
Der Kaiser Augustus kletterte wieder auf seine Leiter hinauf und sagte: „Geld! Ich brauche Geld!“ Als er von der Leiter herunterstieg, verfing sich sein rechter Fuß in dem langen bunten Umhang. Er blieb an der letzten Trittstufe hängen, stolperte und riss die gesamte Leiter mit sich. Die Leiter stürzte auf die Krippe, die Krippe fiel um und das Christkind kullerte aus dem Stroh heraus. Erst der Kopf und einen Augenblick später der Körper. Kaiser Augustus wurde glühend rot. Er richtete die Krippe auf und stopfte schnell die zwei Teile des Christkindes unter das Stroh zurück, damit niemand merkte, dass es kaputt war.
Der Pfarrer seufzte und sagte: „Ich glaube, wir hören lieber auf. Wenn die Generalprobe so schief geht, dann wird die Aufführung schon klappen.“

Und dann durften die Kinder nach Hause gehen.
Aber Florian hatte gesehen, was mit dem Christkind passiert war. Leise zog er die zwei Teile aus dem Stroh und versteckte sie unter seinem Pullover. Zu Hause stand die Mutter in der Küche und kochte. Sie sah ein wenig aufgeregt und erschöpft aus, wie immer um diese Zeit an Heilig Abend.
Florian holte das Christkind unter seinem Pullover hervor. Er streckte der Mutter die beiden Teile entgegen und sagte: „Schau mal, Mama. Wir müssen es unbedingt reparieren. Sonst gibt es heute kein Christkind.“
„Nimm doch eine Puppe“, antwortete die Mutter ohne hinzusehen. „Dann habt ihr auch ein Christkind.“
Florian hatte keine Puppe. Und er konnte sich auch nicht vorstellen,

dass irgendeine Puppe, die das ganze Jahr über eine normale Puppe war, auf einmal das Christkind werden konnte. Er ging ins Wohnzimmer, wo sein Vater gerade versuchte, den Tannenbaum in seinem Ständer festzumachen. Der Vater sah ein wenig gereizt aus, wie immer um diese Zeit an Heilig Abend.

Florian streckte ihm das Christkind entgegen und sagte: „Schau mal, Papa. Wir müssen es unbedingt reparieren. Sonst gibt es heute kein Christkind."

„Mach doch aus einem alten Lappen ein Bündel", antwortete der Vater und schraubte an dem Weihnachtsständer herum. „Dann habt ihr auch ein Christkind."

Florian verstand die Eltern nicht so ganz. Jedes Jahr musste er beim Krippenspiel mitmachen, um das Christkind zu erfreuen. Aber nun, da es kaputt war und Hilfe brauchte, kümmerte sie das überhaupt nicht. Da sollte er es einfach ersetzen durch eine Puppe oder durch ein Bündel aus alten Lappen.

Florian nahm die beiden Teile des Christkinds und schlich sich hinab in den Keller. Hier hatte der Vater all sein Werkzeug. Hier hämmerte, schraubte, feilte und leimte er. Florian kannte sich gut aus mit dem Werkzeug im Keller, denn er hatte dem Vater schon manchmal geholfen. Aber er wusste auch, dass er es allein nicht benutzen durfte. Deshalb war Florian ziemlich aufgeregt, als er den Leimtopf aus dem Regal holte. Und als ein Stück Holz klappernd auf die Erde fiel, hielt er vor Schreck den Atem an. Über sich in der Wohnung hörte er die kurzen schnellen Schritte der aufgeregten Mutter und die schweren Schritte des gereizten Vaters. Sie waren viel zu beschäftigt, um auf ein klapperndes Stück Holz zu achten.

Erleichtert drückte Florian mit dem Pinsel einen dicken Klecks Leim auf den Hals des Christkinds. Dann setzte er den Kopf darauf. Der Leim tropfte auf die Schultern und der Kopf saß ein wenig schief, so als neige das Christkind ihn zur Seite. Aber wenigstens war es nun nicht mehr zweigeteilt.

Am Nachmittag zum Gottesdienst trug Florian das Christkind unter seinem Pullover in die Kirche. Er ging an seinen Platz hinter der Krippe und setzte den Eselskopf aus Pappmaschee auf.
Die Kirche war wieder sehr voll. Sie war so voll, dass sogar noch zusätzliche Stühle herbeigetragen werden mussten. Florians Eltern waren auch da. Sie sahen jetzt nicht mehr erschöpft oder gereizt aus, sondern nur noch froh.
Dieses Mal stieg der Kaiser Augustus von der Leiter herunter, ohne sie umzureißen oder seine Krone zu verlieren. Josef führte Maria langsam durch die Kirche und man konnte deutlich hören, wie sie sagte: „Ich bin so müde. Ich kann nicht mehr.“ Auch der Wirt vergaß seinen Text nicht und wies den beiden ihren Weg zur Krippe vor dem Altar. Aber als Maria und Josef vor der Krippe niederknieten und Maria das Christkind unter dem Stroh hervorziehen wollte, fand sie es nicht. Maria durchsuchte die ganze Krippe. Schließlich half Josef mit und durchsuchte auch die ganze Krippe. Aber sie fanden das Christkind trotzdem nicht. Die Leute in den Kirchenbänken wurden schon un-

ruhig und reckten ihre Hälse um zu erkennen, warum die beiden da vorne mit ihren Händen im Stroh herumwühlten.
Da schob Florian seinen Eselskopf über den Krippenrand, legte das geleimte Christkind in die Krippe und sagte dreimal laut: „I-ah! I-ah! I-ah!“
Die Mutter lächelte. Der Vater lächelte. Und einen Moment glaubte Florian zu sehen, dass auch das Christkind lächelte.

Luise Holthausen

Die Engel, die haben gesungen

Die Engel, die haben gesungen,
dass wohl ein Wunder geschehn.
Da kamen die Hirten gesprungen
und haben es angesehn.

Die Hirten, die will es erbarmen,
wie elend das Kindlein sei.
Es ist eine G'schicht für die Armen.
Kein Reicher war nicht dabei.

Ludwig Thoma

Der Koffer

Koffer guckt man im Allgemeinen nicht genauer an. Leute tragen sie herum, reisen mit ihnen. Manche Koffer sehen schön aus, sind aus glattem Leder, manche sind abgewetzt, fallen beinahe auseinander. Im Märchen gibt es Zauberkoffer; in der Wirklichkeit gibt es sie nicht.
Der Koffer, den Georg neben sich herschleifte, war für ihn zu schwer, aber wichtig. Georg war zehn Jahre alt, reiste mit seiner Mutter, seiner Schwester und seiner dauernd mürrischen Großmutter ins Ungewisse. Damals, 1945, reisten viele Leute ins Ungewisse. An einem Ort, den sie vorher nicht gekannt hatten, kamen sie dann an und richteten sich ein. Sie waren noch nicht angekommen. Sie fuhren in einem Zug, von dem man sich heute keine Vorstellung mehr machen kann: Er bestand aus lauter Güterwaggons, in die Menschen gepfercht waren. Und das für Wochen. Wer Glück und Kraft hatte, konnte sich einen Platz zum Liegen erobern. Die anderen saßen Tag und Nacht mit angezogenen Knien auf den Holzbrettern und warteten darauf, irgendwann aussteigen zu können.
Der Zug hielt des Öfteren auf den Abstellgleisen größerer Bahnhöfe. Sehr viele Bahnstationen waren von Bomben getroffen, ein Teil der Gleise war aufgebrochen, es sah aus, als führten die Schienen, von der Hitze und den Detonationen gebogen, in den Himmel. Sie hielten auf dem Bahnhof von Landshut. Jemand sagte, heute ist Heiligabend. Die Leute, die seit zwei Wochen unterwegs waren, hatten es vergessen. Sie hatten nicht vergessen, dass es Winter war, denn sie froren Tag und Nacht und konnten sich nur aneinander wärmen.
Georg sprang aus dem Waggon, lief die Böschung hinunter, rutschte aus, fiel hin, blieb im Schnee liegen und sah im Fenster eines Hauses, das entfernt und einzeln stand, einen Weihnachtsbaum. Er konnte sich nicht denken, dass irgendjemand auf dieser Welt in einer warmen Wohnung Weihnachten feierte. Er hasste die Leute, die die Kerzen an dem Baum angezündet hatten, stellte sich vor, dass Kinder Geschenke auspackten

und wünschte sich, sie verprügeln zu können. Ein paar der älteren Leute fingen an, „Stille Nacht“ zu singen. Er wollte das Lied nicht hören, stopfte sich die Finger in die Ohren. Für ihn gab es kein Weihnachtsfest, der Zug war kein Ort dafür, auch das Gleis am Rande des Bahnhofs nicht. Nur wusste er jetzt, dass es selbst zu einer Zeit, da fast alle unterwegs waren und nichts hatten, Menschen gab, die in Häusern wohnten und Weihnachten wie früher feierten. Ihn entsetzte diese Ungerechtigkeit. Er erwartete, dass eine Bombe auf das Haus falle.
Seine Mutter rief ihn und sagte, er solle den Koffer aus der Ecke des Waggons holen, seinen Koffer, sie habe etwas hineingepackt, über das er sich freuen werde. Er weigerte sich, sagte: „Ich habe keine Lust, mich zu freuen. Lass mich in Frieden.“
Seine kleinere Schwester sagte: „Aber ich will mich freuen.“ Er zerrte den Koffer aus der Ecke, traf mit einem Knie Schlafende, wurde beschimpft und gestoßen. Sie setzten sich in einem Kreis um den Koffer, die Mutter öffnete ihn, kramte unter Kleidern und Wäsche und holte ein Hindenburg-Licht heraus. Solche Lichter gibt es heute nicht mehr und man würde sie wahrscheinlich nicht mehr so nennen. Es waren flache Schälchen aus Pappe, in die um einen Docht Wachs gegossen war. Sie brannten unendlich lange, mit sehr kleiner Flamme. Die Mutter hatte keine Streichhölzer und musste eines erbetteln. Sie zündete die Kerze an, griff noch einmal in den Koffer, zog einen Schal und Handschuhe heraus. Den Schal gab sie ihm, die Handschuhe seiner Schwester. Die Großmutter sagte: „In Betlehem war es gemütlicher.“
Sie sangen nicht, es bildete sich ein Kreis um das Licht, man sah zu, wie es im Luftzug flackernd brannte. Georg schaute hinüber zu dem Fenster. Es war ihm jetzt gleichgültig. Er fand, dass Weihnachten, wie es früher war, nicht mehr sein konnte. Er fror, wickelte sich den Schal um den Hals und freute sich über die Wärme.

Peter Härtling

Eine Wintergeschichte

Es war einmal ein Mann. Er besaß ein Haus, einen Ochsen, eine Kuh, einen Esel und eine Schafherde.
Der Junge, der die Schafe hütete, besaß einen kleinen Hund, einen Rock aus Wolle, einen Hirtenstab und eine Hirtenlampe.
Auf der Erde lag Schnee. Es war kalt und der Junge fror. Auch der Rock aus Wolle schützte ihn nicht.
„Kann ich mich in deinem Haus wärmen?", bat der Junge den Mann.
„Ich kann die Wärme nicht teilen. Das Holz ist teuer", sagte der Mann und ließ den Jungen in der Kälte stehen.
Da sah der Junge einen großen Stern am Himmel. „Was ist das für ein Stern?", dachte er. Er nahm seinen Hirtenstab, seine Hirtenlampe und machte sich auf den Weg.
„Ohne den Jungen bleibe ich nicht hier", sagte der kleine Hund und folgte seinen Spuren. „Ohne den Hund bleiben wir nicht hier", sagten die Schafe und folgten seinen Spuren. „Ohne die Schafe bleibe ich nicht hier", sagte der Esel und folgte ihren Spuren. „Ohne den Esel bleibe ich nicht hier", sagte die Kuh und folgte seinen Spuren. „Ohne die Kuh bleibe ich nicht hier", sagte der Ochse und folgte ihren Spuren.
„Es ist auf einmal so still", dachte der Mann, der hinter seinem Ofen saß. Er rief nach dem Jungen, aber er bekam keine Antwort. Er ging in den Stall, aber der Stall war leer. Er schaute in den Hof hinaus, aber die Schafe waren nicht mehr da.
„Der Junge ist geflohen und hat alle meine Tiere gestohlen", schrie der Mann, als er im Schnee die vielen Spuren entdeckte.
Doch kaum hatte der Mann die Verfolgung aufgenommen, fing es an zu schneien. Es schneite dicke Flocken. Sie deckten die Spuren zu. Dann erhob sich ein Sturm, kroch dem Mann unter die Kleider und biss ihn in die Haut. Bald wusste er nicht mehr, wohin er sich wenden sollte. Der Mann versank immer tiefer im Schnee: „Ich kann nicht mehr!", stöhnte er und rief um Hilfe.

Da legte sich der Sturm. Es hörte auf zu schneien und der Mann sah einen großen Stern am Himmel. „Was ist das für ein Stern?“, dachte er. Der Stern stand über einem Stall, mitten auf dem Feld. Durch ein kleines Fenster drang das Licht einer Hirtenlampe. Der Mann ging darauf zu. Als er die Tür öffnete, fand er alle, die er gesucht hatte, die Schafe, den Esel, die Kuh, den Ochsen, den kleinen Hund und den Jungen. Sie waren um eine Krippe versammelt. In der Krippe lag ein Kind. Es lächelte ihm entgegen, als ob es ihn erwartet hätte.

„Ich bin gerettet“, sagte der Mann und kniete neben dem Jungen vor der Krippe nieder.

Am anderen Morgen kehrten der Mann, der Junge, die Schafe, der Esel, die Kuh, der Ochse und auch der kleine Hund nach Hause zurück.

Auf der Erde lag Schnee. Es war kalt.

„Komm ins Haus“, sagte der Mann zu dem Jungen, „ich habe Holz genug. Wir wollen die Wärme teilen.“

Max Bolliger

Wertvoll

In der Weihnachtszeit sind die besonders interessanten Orte im Schlafzimmerschrank, hinter den Leintüchern oder auch ganz oben auf dem Küchenschrank. Gut ist auch die unterste Schublade des Schreibtischs oder der Platz hinter dem Bett.
Warum wohl?
Klar, dort sind die Geschenke versteckt. Überall da, wo sonst vielleicht nur Staub liegt, sind jetzt plötzlich wertvolle Sachen!
Manche Leute meinen, das Warten sei sehr langweilig für die Päckchen, aber das stimmt nicht. Manchmal ist es bei den Päckchen sogar außerordentlich spannend, wie zum Beispiel letztes Jahr im alten Koffer, wo die kostbaren Geschenke versteckt waren. Das war so:
Die Geschenke hatten gerade einen Wettbewerb gemacht, wer aus seinem Bändchen das schönste Schweineringelschwänzchen machen könne. Da wurde der Koffer geöffnet und wieder wurde ein neues Paket hineingelegt. Das Paket war rechteckig und hatte ein wunderschön rotglänzendes Geschenkpapier an.
„Hallo", sagten die andern Pakete, aber das neue Paket war ein bisschen hochnäsig und sagte nichts.
Die Pakete ließen sich dadurch nicht groß stören. Sie unterhielten sich weiter und planten schon das nächste Spiel, nämlich Worte raten.
Aber das neue Paket wollte nicht mitmachen und sagte: „In mir ist etwas viel Kostbareres eingepackt als in euch allen zusammen."
„Das glaube ich nicht", erwiderte ein kleines Päckchen, „in mir ist vielleicht ein Diamant und das wäre ja wertvoller als alle Dinge, die es auf der ganzen Welt gibt."
Ein roter Briefumschlag mit Weihnachts-Stickern darauf sagte: „In mir ist Geld, das ist ja zweifellos sehr wertvoll!"
Ein anderes Päckchen mischte sich ein: „Ich weiß gar nicht, was in mir drin ist", und es fügte hinzu, „ich will es auch gar nicht wissen, so habe ich auch eine Überraschung."

WER

Nun begann wieder das erste Paket im rotglänzenden Geschenkpapier: „Ihr traut euch ja nur nicht zu sagen, was in euch ist, weil es nichts Wertvolles ist."
Ja, richtig, das neue Paket hatte wirklich Lust auf Streit. Und es wäre ihm auch fast gelungen, denn einige Päckchen sprachen schon ganz laut, zwei begannen sich zu prügeln und andere zogen sich gegenseitig an den bunten Bändern.
Plötzlich hörte man eine piepsende Stimme. „Was heißt schon wertvoll?"
Die Päckchen wurden ruhiger und guckten sich nach der unbekannten Stimme um. Es war eine Motte. „Wisst ihr, liebe Streithähne, wertvoll ist nur Wolle, denn die kann man essen. Besonders die Schafwolle ohne künstliche Farbstoffe."

Alle waren verdutzt.
Ja, wer legt denn fest, was wertvoll ist? Dem grünen Paket wurde es etwas unheimlich, denn es wusste, dass in ihm ein liebevoll gestrickter Pullover verpackt war. Es wurde ganz still, damit die Motte ja nicht merkte, wie wertvoll es war.
„Wertvoll sind eigentlich nur Bücher", hörte man eine tiefe, heisere Stimme sagen.
Das neue Paket im rotglänzenden Geschenkpapier stimmte der Stimme sofort zu: „Ja, Bücher sind lehrreich und hübsch und zudem das Allerwichtigste und ungemein wertvoll, viel wertvoller als ein Diamant."
Die anderen Geschenke wussten nun, was in dem rechteckigen Paket war. Aber schon hörte man die tiefe Stimme wieder: „Ja, ja, ich liebe Bücher auch über alles, besonders die mit den dünnen Seiten, denn als Bücherwurm frisst man sich immer im Zickzack von Buchdeckel zu Buchdeckel."
Das verschlug dem rechteckigen Paket natürlich fast die Sprache, aber

dann sagte es doch noch schnell zum Papierfresser: „Äh, Herr Bücherwurm, ich bin aber leider gar nicht wertvoll für sie."
„Schade", sagte der und kroch davon.

Lukas Röthlisberger

Die Politesse, der Ferrari und der Elefant

Es war der Morgen des 24. Dezembers und Politesse Jeanette schlenderte durch den eisigen Nieselregen die Parkplätze entlang. Sie kam zu einem Ferrari, der knallrot dem kalten Wetter trotzte. Dort suchte sie das Zettelchen hinter der Windschutzscheibe. Nichts zu erkennen. Die Scheibe war dunkel getönt.
„Da muss ich wohl einen Strafzettel ausstellen – leider, bei diesem Schmuddelwetter", murmelte Jeanette und zückte ihr Blöcklein.
„Bitte, nein", piepste der Ferrari mit weinerlichem Stimmchen, „Mamma mia! Mein Besitzer ist so arm, da gibt's nicht einmal Winterreifen zu Weihnachten. Und meinen Duftbaum werde ich auch nicht bekommen! Der ganze Wagen ist auf Pump!"
„Nagutnaja, schon gut", seufzte Jeanette, steckte das Blöcklein ein, schlug den Jackenkragen hoch und schlenderte weiter. Hinter sich hörte sie noch ein verweintes: „Frohes Fest und guten Rutsch – ich zumindest!"
In der nächsten Parkbucht stand ein indischer Reiseelefant, über und über bemalt und mit Goldstrassen und Blumengirlanden behängt. Der prächtig mit Samt und Seide ausgestattete Reisesessel auf dem Elefantenweibchen schwankte bedächtig hin und her.
„Ihr Zettelchen?" Jeanette konnte keines entdecken.
„Iff hab' keineff", schnupfte die Elefantin.
„Ja warum denn?" Jeanette zückte schon einmal ihr Blöcklein und dachte wieder: „Leider!"
Der Elefantenfrau stieg eine Träne in ihr kleines, altes Auge. Dort

7000

schimmerte sie für einen traurigen Moment und kullerte dann den ganzen, buntfarben bemalten Rüssel entlang bis zum Saugnapf, von wo sie auf Jeanettes Politessenhut platschte und ihn noch mehr durchnässte, als es schon der Regen getan hatte.
„Kein Kleingeld", näselte die Dickhäuterin. Mit ihrer Rüsselspitze nestelte das Elefantenweibchen in ihrer Handtasche und zog ein dickes Bündel Geldscheine hervor, von dem sie Jeanette einen Tausendeuroschein entgegenhielt. „Können Fie vielleicht – Ha-Haa-HAAAAAA-HATSCHIIIII!!! – wekfeln?"
Jeanettes Rock, ihre Jacke und ihren Hut hatte es weit die Straße hinunter geweht, auf ihrem Pullover klebte … nagutnaja, schon gut.
„Oh, Entfuldigung! Entfuldigung, fielmalf! Wollen Fie ein Taffentuch?"
Das Elefantenweibchen hielt Jeanette ein großes – natürlich gebrauchtes – Handtuch hin, das vor langer Zeit vielleicht einmal weiß gewesen war.
„Nein danke. Und wechseln kann ich leider auch nicht."
Jeanette wollte gerade ihr Blöcklein einstecken, aber – ihre Jacke war ja weg! Also warf sie es einfach in den nächsten Mülleimer.
„Nagutnaja, schon gut!"
Als sie weiterschlenderte, sah sie den Tausendeuroschein auf dem Boden liegen. Sie hob ihn auf und wollte ihn gerade der Reiseelefantin zurückgeben, die aber zwinkerte Jeanette nur fröhlich zu und trompetete: „Frohe Feihnachten und ein gutef neuef Jahahaha-HAHA-"
„Danke!", lächelte Jeanette ihr Weihnachts-Feierabendlächeln. Mit dem Geld würde sie einen neuen Rock, eine Jacke, einen Pullover und einen Hut kaufen.
Und natürlich Winterreifen, weiße Handtücher und nicht zu vergessen, einen Duftbaum.
Nagutnaja, schon gut und fröhliche Weihnachten!

Stephan Geesing

Weihnachtslied

Vom Himmel in die tiefsten Klüfte
ein milder Stern herniederlacht.
Vom Tannenwalde steigen Düfte
und hauchen durch die Winterlüfte
und kerzenhelle wird die Nacht.

Mir ist das Herz so froh erschrocken,
das ist die liebe Weihnachtszeit!
Ich höre fernher Kirchenglocken
mich lieblich heimatlich verlocken
in märchenstille Herrlichkeit.

Ein frommer Zauber hält mich wieder,
anbetend, staunend muss ich stehn;
es sinkt auf meine Augenlider
ein goldner Kindertraum hernieder,
ich fühl's, ein Wunder ist geschehn.

Theodor Storm

Der Weihnachtsbesuch

Jonas, Ben und Tanja warten schon seit einer Viertelstunde am Bahnhof, um ihre Oma abzuholen.
„Wann kommt sie endlich! Ich hab schon kalte Füße“, sagt Ben.
„Kein Mitleid. Hättest Stiefel anziehen sollen statt Turnschuhe“, antwortet Tanja.
Es ist zwei Tage vor Weihnachten und fast alle Züge haben Verspätung, weil es in der Nacht kräftig geschneit hat.
„Und wenn sie nun gar nicht drin ist?“, fragt Ben, als der Zug endlich einfährt. „Wo sie doch so vergesslich ist?“
„Im letzten Jahr nahm sie aus Versehen den D-Zug und kam eine Stunde später an“, erinnert sich Jonas.
„Mama hat mit Onkel Leo telefoniert. Sie haben Oma an die Bahn gebracht“, beruhigt ihn Tanja.
Da läuft der Zug endlich ein. Fröhlich mit zerzausten weißen Haaren winkt die Oma aus dem Fenster. Es dauert eine ganze Weile, bis sie Koffer, Tasche, Tüten und Päckchen aus dem Zug gereicht hat. Sie hat sich so auf die Reise zu den Enkelkindern gefreut und schon seit Wochen Geschenke eingekauft.
„Wie schön, dass du endlich da bist!“, sagt Tanja und fällt der Oma um den Hals. „Papa wartet draußen. Er fand keinen Parkplatz.“
Eine halbe Stunde später sind sie zu Hause.
Oma lässt es sich nicht nehmen, am nächsten Morgen nach dem Frühstück Papas Lieblingsplätzchen zu backen. Im ganzen Haus duftet es danach. Und dann ist es wie jedes Jahr. Jeder rennt herum und sucht nach Bändern und Geschenkpapier, um die letzten Geschenke zu verpacken.
Endlich ist der Heilige Abend da. Jonas, Ben und Tanja können es gar nicht erwarten, bis sie endlich ins Wohnzimmer dürfen.
„Jetzt noch Lieder singen, wo wir doch schon in der Kirche waren!“, mault Ben.

Tanja spielt noch auf der Flöte. Bloß ein einziger Patzer. Dann ist das auch überstanden.

„Und jetzt ran an den Speck“, brummt Jonas und stürzt sich auf seine Päckchen. Oma sitzt in der Ecke und freut sich über die Freude der anderen. Aber die scheinen sie gar nicht mehr zu bemerken. Vor lauter Geschenken, zeigen, vergleichen …

Freilich, sie bedanken sich bei der Oma. Das ist es nicht. Und Oma bekommt auch ihre Päckchen mit kleinen Aufmerksamkeiten von allen. Manches ist hastig noch in letzter Minute gekauft, und im Geschäft eingewickelt. Man sieht es an der Verpackung.

Auch das Weihnachtsessen schmeckt allen.

Und dann geschieht etwas Seltsames. Es sieht so aus, als ob Oma jetzt von Tag zu Tag ein wenig kleiner und unsichtbarer würde. Freunde kommen an den Feiertagen. Der eine geht hierhin, der andere dorthin. Die Familie bemerkt die Oma, die meist mit einem Buch oder einem Strickzeug in der Ecke sitzt, kaum mehr. Oma gibt sich allerdings auch Mühe, möglichst wenig aufzufallen. Morgens geht sie als Erste ins Bad, um die anderen nicht zu stören. Unauffällig deckt sie den Frühstückstisch. Vielleicht ist sie deshalb so unsichtbar, weil sie so bescheiden ist? Sie wird immer stiller.

Schließlich sagt sie: „Ich glaube, ich fahre zwei Tage früher nach Hause.“

Keiner protestiert. Schließlich fängt auch die Schule wieder an.

„Wie die Zeit vergangen ist!“, sagt der Vater.

„Ja, wie die Zeit vergangen ist“, sagt die Großmutter und denkt an früher, als Papa noch klein war.

„Wer bringt die Oma an die Bahn?“, fragt der Vater.

„Ich muss durchs Haus wirbeln, aufräumen und sauber machen. Dann muss ich noch zum Einkaufen. Wir kriegen doch heute Abend Besuch“, entschuldigt sich die Mutter.

„Ich muss zu Christof. Wir üben mit der Band“, sagt Jonas.
„Ich erwarte einen Anruf von Kerstin“, sagt Tanja.
„Ich hab Handballtraining“, sagt Ben.
„Macht nichts, Kinder. Ich fahre doch viel bequemer mit dem Taxi. Außerdem braucht dann keiner nach einem Parkplatz zu suchen!“, sagt die Oma mit gespielter Fröhlichkeit. „Und mein Gepäck ist viel leichter als auf der Herreise.“
Als das Taxi kommt, lädt der Vater den Koffer und die Tasche ein. Er bittet den Fahrer, der alten Dame das Gepäck auf den Bahnsteig zu tragen.
„Ich würde gern mitkommen. Aber ich habe einen wichtigen Termin im Büro“, sagt er und gibt seiner Mutter zum Abschied einen Kuss.
„Schon gut, schon gut“, sagt Oma. Sie lächelt. Alle winken ihr nach. Aber ein wenig traurig ist sie schon.

Ursel Scheffler

Die Geschichte vom Weihnachtsglöckchen

Vor vielen, vielen Jahren lebte in Bethlehem, einer kleinen Stadt in Israel, ein Mädchen. Es hieß Rahel. Seine Mutter war gestorben, als Rahel noch recht klein gewesen war. Da blieb ihm nur sein Vater, und der war ein Schafhirte. Er hütete zusammen mit drei anderen Hirten die Schafe auf den Weiden nah bei Bethlehem.

Oft war die kleine Rahel traurig, dass er so selten heimkam. Er musste sogar nachts bei den Schafen bleiben. Aber sie wusste ja, dass man nachts wegen der wilden Tiere ganz besonders auf die Schafe Acht geben musste.

Einmal fand die kleine Rahel im Straßenstaub vor dem großen Wirtshaus ein wunderschönes Glöckchen aus reinem Silber. Es war so schön und kostbar, dass sich Rahel gar nicht vorstellen konnte, dass es vielleicht ein Gast aus dem Wirtshaus verloren haben könnte. Wem sie das Glöckchen auch zeigte, es konnte sich keiner erklären, woher es gekommen war. Nur die alte blinde Ruth, die am Ende des Städtchens wohnte, ließ sich das Glöckchen geben, lauschte so lange, bis es ausgeklungen hatte, und wandte sich dann an Rahel.

„Es ist ein ganz besonderes Glöckchen“, sagte sie. „Du darfst es so lange behalten, bis bei uns einmal etwas ganz Besonderes geschieht. Es wird so wunderschön sein, dass du dafür gern das Glöckchen herschenken wirst!“

„Was wird das sein?“, fragte damals Rahel mit großen Augen. „Und wann wird das sein?“

Da zuckte die Alte mit der Schulter und sagte: „Das weiß ich auch nicht und es wird dir keiner sagen können. Das weiß Gott allein!“

So hob Rahel das Glöckchen wie ihren kostbarsten Schatz auf und versteckte es in ihrem Bett.

Nun geschah es eines Tages, dass ein Mann und seine Frau nach Bethlehem kamen. Sie hatten eine weite Reise hinter sich und waren so müde, dass sie kaum weiterkonnten. Sie fragten überall nach einem Zimmer für die Nacht. Aber die Gasthäuser waren überfüllt, so dass sie immer nur weitergeschickt wurden. Hinzu kam, dass die junge Frau ein Kind erwartete, das in dieser Nacht geboren werden sollte. Sie waren am Ende so verzweifelt, dass sie froh waren, als ihnen ein mitleidiger Mensch seinen alten Stall anbot. Wenigstens für die Nacht waren sie dort sicher. In dieser Nacht aber schickte Gott seinen Sohn zu uns auf die Welt. In der Armut des Stalles, in dem es aus allen Ritzen zog, wurde das Kind geboren.

Seine Mutter wickelte es in Windeln und legte es in die Futterkrippe im Stall. Als das Kind aber geboren war, geschah etwas ganz Seltsames draußen auf den Weiden vor Bethlehem, wo Rahels Vater mit den anderen Hirten bei den Schafen wachte. Mitten in der Nacht wurde es plötzlich um sie herum so hell, dass die Hirten aufschreckten und vor Angst nicht aus noch ein wussten. So etwas hatten sie noch nie erlebt.

Und dann kamen plötzlich Engel vom Himmel herab und kamen auf sie zu, dass die Hirten noch mehr erschraken. Wann hatte jemals ein Schafhirte einen Engel in all seinem Glanze gesehen?

Die Hirten fielen auf die Knie und wagten sich nicht zu rühren.

„Habt keine Angst!“, sagte der Engel ganz freundlich zu ihnen. „Gott schickt mich zu euch. Ich will euch etwas Wunderschönes erzählen: Heute Nacht ist in dem ärmsten Stall in Bethlehem Gottes Sohn geboren. Er heißt Jesus und liegt in einer Futterkrippe!“

Sprachlos und mit großen Augen sahen die Hirten den Engel an. Sie wunderten sich immer mehr, als die anderen Engel, die um den einen herumstanden, nun zu singen anfingen. Einen so schönen Gesang hatten die Hirten ihr ganzes Leben lang noch nicht gehört.

„Ehre sei Gott im Himmel!“, sangen die Engel. „Und Friede der Welt und den Menschen!“
Ihr wunderbarer Gesang schallte über die Weiden bis hoch zum Sternenhimmel. Und die Hirten spürten bis tief in ihr Herz hinein die Freude, die das Lied und die Worte in ihnen auslöste.
„Lauft zum Stall!“, rief der Engel.
Da packten die Hirten all ihre Habseligkeiten zusammen und suchten nach einem Geschenk, das sie dem Kind in der Krippe mitbringen konnten.
Schließlich entschlossen sie sich dazu, dem Kind ein Schaf mit einem jungen Lämmchen zu schenken.
Das Schaf hatte so viel Milch, dass sie für das Kind und das Lamm reichen würde.
So machten sie sich auf den Weg, trieben das Schaf vor sich her und gingen durch die Nacht nach Bethlehem, um den allerärmsten Stall mit dem Gotteskind zu suchen, so wie es ihnen der Engel gesagt hatte.
Rahels Vater trug das Lämmchen auf seinen Armen. Und als sie endlich in Bethlehem ankamen, ging er schnurstracks nach Hause, um seine kleine Tochter zu wecken. Er wollte ihr unbedingt erzählen, was in dieser Nacht geschehen war. Und mitnehmen wollte er die kleine Rahel. Denn das Kind in der Krippe, das Gott auf die Erde zu ihnen geschickt hatte, das sollte sie auch sehen und begrüßen.
Als er dann mit dem Lämmchen im Arm vor ihr stand und von den Engeln erzählte, da begannen Rahels Augen zu glitzern und zu leuchten.
„Jetzt weiß ich, was die alte Ruth gemeint hat, als ich mit dem Silberglöckchen bei ihr war!“, rief sie glücklich. Sie holte es sogleich herbei und ließ es ganz leise klingen.
„Bäh!“, machte das Schäfchen auf dem Arm des Vaters verwundert. Und noch einmal: „Bäh!“
„Wir binden ihm das Glöckchen um den Hals!“, sagte das Mädchen froh und war bereits dabei, nach einem Band zu suchen.
„Du sollst ihm auch das Lämmchen schenken!“, sagten die Hirten.

Da trug sie das Lamm auf ihren Armen und ging mit eiligen Schritten hinter den Hirten her. Das Lämmchen machte immer wieder „Bäh!", und das silberne Glöckchen an dem roten Band um seinen Hals klingelte zart und leise dazu.

So geschah es, dass die Hirten, nachdem sie endlich nach langem Suchen in der Nacht den Stall gefunden hatten, mit dem Schaf hereinkamen. Alles war genauso, wie es der Engel gesagt hatte. Sie knieten vor der Krippe und beteten das Kind an. Als sie der Frau das Schaf schenkten, ging auch die kleine Rahel mit dem Lämmchen auf dem Arm zögernd zur Krippe. Staunend und voller Freude betrachtete sie das Kind.
Da legte ihr die Mutter des Kindes ganz zärtlich den Arm um die Schulter. Und Rahel fühlte sich so glücklich wie damals, als ihre eigene Mutter noch bei ihr war.
„Ich bin Maria!", sagte die Frau mit lieber Stimme. „Ich danke dir, dass du gekommen bist!"
„Ich bin Rahel!", sagte Rahel leise und wünschte sich, dass der Arm der Frau noch lange dort auf ihrer Schulter bleiben würde. „Das Lämmchen ist auch für euch!", fügte sie noch hinzu. Dann bückte sie sich und ließ das Lamm aus ihren Armen ganz behutsam auf die Erde gleiten. Es stand noch einen Augenblick unschlüssig herum. Als es

aber seine Mutter leise blöken hörte, sprang es mit weiten Sprüngen auf sie zu. Dabei klingelte das Glöckchen an seinem Hals ganz zart und hell.
„Ist das schön!“, sagte Maria und streichelte das Lämmchen zart. „Wo hast du nur dieses wunderschöne Silberglöckchen her?“, fragte sie dann.
„Gefunden!“, sagte Rahel und verbesserte sich gleich darauf: „Für das Kind gefunden! Ich will es ihm schenken!“
Maria wollte Rahels Geschenk nicht annehmen. Doch Rahel beharrte darauf, dass das Glöckchen an dem Band blieb und von nun ab ihnen gehören sollte. Schließlich erinnerte sie sich nur zu gut an das, was die alte Ruth gesagt hatte.
Ja, so blieb das zarte Klingen auch noch im Stall, als die Hirten mit der kleinen Rahel schon längst wieder gegangen waren. Das Leuchten und Glitzern blieb aber in Rahels Augen ihr ganzes Leben lang. Jeder liebte sie, denn dieses Leuchten und Glitzern kam aus ihrem Herzen heraus.
Das Glöckchen aber klingt bis heute noch weiter. Immer dann, wenn im Weihnachtszimmer alles vorbereitet ist und alle Kinder sehnsüchtig vor der Tür warten, dann beginnt das Weihnachtsglöckchen leise zu klingen. Dann wird die Tür zur Bescherung geöffnet und Weihnachten fängt wirklich an.

Rolf Krenzer

Kapitel 5

Euch ist ein Kindlein heut geborn

Vom Himmel hoch, da komm ich her

Euch ist ein Kindelein geborn / von einer Jungfrau auserkorn, / ein Kindelein so zart so fein, / das soll eu'r Freud und Wonne sein.

Es ist der Herr Christ, unser Gott, / der will euch führn aus aller Not, / er will eu'r Heiland selber sein, / von allen Sünden machen rein.

Er bringt euch alle Seligkeit, / die Gott der Vater hat bereit', / dass ihr mit uns im Himmelreich / sollt leben nun und ewiglich.

So merket nun das Zeichen recht: / die Krippe, Windelein so schlecht, / da findet ihr das Kind gelegt, / das alle Welt erhält und trägt.

Martin Luther

Das Weihnachtsevangelium

Es begab sich aber zu der Zeit, dass ein Befehl von Kaiser Augustus ausging, dass alle Einwohner unter römischer Herrschaft gezählt würden. Diese Zählung war die erste und geschah zu einer Zeit, da Quirinius Statthalter in Syrien war. Und jedermann ging, dass er sich zählen ließe in seine Heimatstadt.

Da machte sich auch auf Joseph aus Galiläa, aus der Stadt Nazareth, in das jüdische Land zur Stadt Davids, die da heißt Bethlehem, weil er von dem Hause und dem Geschlechte Davids war, damit er sich zählen ließe mit Maria, seinem angetrauten Weibe. Die war schwanger.

Und als sie in Bethlehem waren, kam die Zeit, dass sie gebären sollte. Und sie gebar einen Sohn und wickelte ihn in Windeln und legte ihn in die Krippe, denn sie hatten sonst keinen Raum in der Herberge und mussten im Stall schlafen.

Und es waren Hirten in derselben Gegend auf dem Felde, die hüteten des Nachts ihre Herde. Und siehe: Der Engel des Herrn trat zu ihnen, und die Klarheit des Herrn leuchtete um sie und sie fürchteten sich sehr. Und der Engel sprach zu ihnen:

„Fürchtet euch nicht! Siehe, ich verkünde euch große Freude, die allem Volk widerfahren wird; denn euch ist heute der Heiland geboren, welcher ist Christus, der Herr, in der Stadt Davids. Und das habt zum Zeichen: Ihr werdet finden das Kind in Windeln gewickelt und in einer Krippe liegen."

Und alsbald war da bei dem Engel die Menge der himmlischen Heerscharen, die lobten Gott und sprachen:

„Ehre sei Gott in der Höhe und Friede auf Erden und den Menschen ein Wohlgefallen!"

Und als die Engel von ihnen gen Himmel fuhren, sprachen die Hirten untereinander: „Lasst uns nun gehen nach Bethlehem und die Geschichte sehen, die da geschehen ist, die uns der Herr kundgetan hat."

Und sie kamen eilend und fanden beide, Maria und Joseph, dazu das

Kind in der Krippe liegen. Als sie es aber gesehen hatten, breiteten sie das Wort aus, welches zu ihnen von diesem Kinde gesagt war.
Und alle, vor die es kam, wunderten sich über das, was ihnen die Hirten gesagt hatten. Maria aber behielt alle diese Worte und bewegte sie in ihrem Herzen. Und die Hirten kehrten wieder um, priesen und lobten Gott für alles, was sie gehört und gesehen hatten, wie denn zu ihnen gesagt war.

Lukas 2,1–20

Komm, wir gehen nach Bethlehem

Fritz, du spielst den Dudelsack!
Didl, dudl …

Hansel, blas die Flöte du!
Didl, dudl …

Und du, Jörgel, streich die Geige!
Fidl, fidl …
… fidl fum fei!

Max, du lass den Bass erklingen!
Brumm, brumm…

aus Tirol

Ihr Hirten erwacht

Ihr Hirten erwacht!
Seid munter und lacht!
Die Engel sich schwingen
vom Himmel und singen:
Die Freude ist nah,
der Heiland ist da.

Ihr Hirten, geschwind!
Kommt, singet dem Kind!
Blast in die Schalmeien,
sein Herz zu erfreuen!
Auf, suchet im Feld
den Heiland der Welt.

Sie hörten das Wort
und eilten schon fort.
Sie kamen in Haufen
im Eifer gelaufen
und fanden da all
den Heiland im Stall.

Die kannten geschwind
das himmlische Kind.
Sie fielen darnieder
und sangen ihm Lieder
und bliesen dabei
die Pfeif' und Schalmei.

Volksgut

Die Hirtin Magdalene

Einer von den Hirten, der zur Krippe seine ärmliche Gabe brachte, hatte eine Tochter mit Namen Magdalene. Die half oft beim Hüten der Herden. Als nun die Hirten in später Nacht aus dem Stalle traten, um wieder zu ihren Schafen zu gehen, sprach der Vater von Magdalene zu den andern:

„Geht ohne mich voraus. Bald komm ich zu euch aufs Feld zurück. Lasst mich nur im Vorbeigehen das große Wunder meiner Tochter anzeigen, sie möchte es mir sonst übel nehmen."

Er begab sich seitab zu einer armseligen Hütte im Felde, weckte das Mädchen und erzählte ihm aus erfüllter Seele, was sie bei den Herden und im Stalle erfahren hatten. Gerne hätte ihn Magdalene weiter befragt, aber der Vater beeilte sich, zu den Schafen zurückzukehren, wie er versprochen hatte.

Nun weilte aber Magdalene allein im Hause; denn ihre Mutter war schon lange gestorben. Sie besorgte dem Vater den ärmlichen Haushalt. Der wunderbare Bericht, den sie eben vernommen, ließ ihr keine Ruhe und sie dachte: „Könnte ich nur für einen Augenblick das Gotteskind durch eine Spalte des Stalles ansehn, mein Lebtag würde ich mich daran freuen."

Wirklich erhob sie sich, bevor der Tag dämmerte, verließ das Haus und eilte über die Felder. Sie waren ihr auch zur Nacht wohl bekannt. Der Weg war weit. Endlich kam sie zum Stalle. Sie suchte in der Türe nach einer Ritze und schaute mit klopfendem Herzen ins Innere. Da gewahrte sie drinnen die Heilige Familie in stillem Schlafe; ein leuchtender Engel war bei ihr.

Wie liegt das Kind so arm und ohne jeden Schmuck, dachte Magdalene, hätte ich nur etwas, womit ich es zieren könnte. Traurig schaute das Mädchen auf seine leeren Hände und trat den Rückweg an. Es wusste nicht, wie ihm war: Tränen fielen aus seinen Augen auf das winterliche Feld.

Plötzlich stand der Engel neben ihm und fragte:
„Kind, warum weinest du?“
Magdalene war dermaßen von der herrlichen Erscheinung übernommen, dass ihr das Wort in der Kehle stecken blieb; schüchtern hielt sie dem Engel ihre leeren Hände entgegen. Dieser beugte sich nieder und berührte die Erde, worauf eben ihre Tränen gefallen waren. Vor dem erstaunten Blicke Magdalenens wuchsen seltsam schöne Blumen aus dem winterlichen Feld. Sie kniete nieder und pflückte sachte die silberhellen Blüten. Dann folgte sie dem Engel in den Stall und schmückte damit die Krippe, indes die Heilige Familie stille schlummerte. Christrosen waren es, wie sie noch heute zum Fest der Christgeburt aus beschneitem Boden erblühen.

Jakob Streit

Die Hirten

Ich sah zur Nacht
ein helles Licht.
Erwacht! Erwacht!
Seht ihr es nicht?

Ich bin wie blind.
Die Melodie
rauscht wie ein Wind.
Sagt, hört ihr sie?

Ein Kind im Stall!
Was ist geschehn?
Kommt schnell, kommt schnell,
es anzusehn.

Friedrich Hoffmann

Der erste Strohstern

Eine Legende

Als sich die Hirten auf den Weg nach Bethlehem machten, wurde von ihrem Reden und Rufen auch ein Hirtenjunge wach, der bei den Schafen im Pferch geschlafen hatte. Verwundert und noch ein bisschen schlaftrunken lief er mit den Männern und stand dann lange mit ihnen in dem armen Stall vor dem neugeborenen Kind in der Krippe, bis einer der Hirten ihn am Arm fasste:

„Komm, Bub, wir wollen heimgehen! Das Kind und seine Mutter brauchen Ruh!"

Unterwegs berieten die Hirten, was sie dem Kind morgen alles mitbringen wollten.

„Ich bring ihm Milch von dem Mutterschaf!", rief der eine.

„Ich nehme guten Schafskäse mit!", sagte ein anderer.

Ein Dritter wollte ein Säckchen Mehl hintragen, ein Vierter ein weiches Lammfell schenken. Wieder einer wollte ein Bund Holz zum Feuermachen mitbringen und ein anderer einen Beutel voll Winteräpfel zusammensuchen. Einer hatte noch ein Töpfchen Fett, und der älteste von ihnen, der am ärmsten war, sagte nach einigem Überlegen: „Ich spiel dem Kind ein Wiegenlied auf meiner Flöte!"

Der Hirtenjunge wurde allmählich immer trauriger. Alle hatten etwas zu schenken – nur er nicht! Denn außer seinem Hemd und seiner Hose besaß er nichts, höchstens noch eine Jacke, aber die war so alt und so oft geflickt, dass er sie unmöglich dem Kind schenken konnte.
Auf seinem Strohlager konnte der Hirtenjunge lange nicht einschlafen. Immer noch sah er das Kind vor sich. Er wollte ihm so gern auch etwas schenken. Aber was?
Da glänzten auf einmal im Licht des großen neuen Sternes ein paar Strohhalme seines Lagers auf. Sie lagen kreuz und quer übereinander und trafen sich in der Mitte zu einem Stern – einem Strohstern. Da wusste der Junge auf einmal, was er dem Kind schenken konnte! Er wünschte den Morgen herbei und das Schlafen wurde ihm schwer.
Endlich wurde es Tag. Leise griff der Junge nach dem Messer des Hirten, der neben ihm schlief, und schnitt ein paar Strohhalme zurecht, drehte dann aus Schafwolle einen Faden und schlang und knotete ihn um die Halme, dass ein fester, schöner Stern daraus wurde.
Der Junge ließ den Stern am Faden tanzen. Wie der nun in der Morgensonne schimmerte und leuchtete!
Als die Hirten mit ihren Gaben zum Stall kamen, legte jeder sein Geschenk an der Krippe nieder. Während der Alte noch sein Lied auf der Flöte blies, trat der Hirtenjunge vor. Sein Herz klopfte, als er dem Kind den Strohstern hinhielt. Da schlossen sich die kleinen Finger um einen der glänzenden Halme: Das Kind hielt den Stern fest.

Else Tümmel

O Jesulein zart

Seid stille, ihr Wind,
lasst schlafen das Kind!
All Brausen sei fern,
‘s will ruhen so gern.
Ach schlaf und tu die Äuglein zu,
schlaf und gib uns die ewige Ruh.
Seid stille, ihr Wind,
lasst schlafen das Kind!

Nichts mehr sich bewegt,
kein Mäuslein sich regt.
Zu schlafen beginnt
das herzige Kind.
Ach schlaf und tu die Äuglein zu,
schlaf und gib uns die ewige Ruh.
Nichts mehr man dann singt,
kein Stimmlein mehr klingt.

(Anonymus, 17. Jahrhundert)

Die Heilige Nacht

Es war einmal ein Mann, der in die dunkle Nacht hinausging, um sich Feuer zu leihen. Er ging von Haus zu Haus und klopfte an. „Ihr lieben Leute, helft mir!“, sagte er. „Mein Weib hat eben ein Kindlein geboren und ich muss Feuer anzünden, um sie und den Kleinen zu erwärmen.“ Aber es war tiefe Nacht, so dass alle Menschen schliefen, und niemand antwortete ihm.

Der Mann ging und ging. Endlich erblickte er in weiter Ferne einen Feuerschein. Da wanderte er dieser Richtung zu und sah, dass das Feuer im Freien brannte. Eine Menge weiße Schafe lagen rings um das Feuer und schliefen, und ein alter Hirt wachte über der Herde.

Als der Mann, der Feuer leihen wollte, zu den Schafen kam, sah er, dass drei große Hunde zu Füßen des Hirten ruhten und schliefen. Sie erwachten alle drei bei seinem Kommen und sperrten ihre weiten Rachen auf, als ob sie bellen wollten, aber man vernahm keinen Laut. Der Mann sah, dass sich die Haare auf ihrem Rücken sträubten, er sah, wie ihre scharfen Zähne funkelnd weiß im Feuerschein leuchteten und wie sie auf ihn losstürzten. Er fühlte, dass einer von ihnen nach seinen Beinen schnappte, und einer nach seiner Hand, und dass einer sich an seine Kehle hängte. Aber die Kinnladen und die Zähne, mit denen die Hunde beißen wollten, gehorchten ihnen nicht und der Mann litt nicht den kleinsten Schaden. Nun wollte der Mann weitergehen, um das zu finden, was er brauchte.

Aber die Schafe lagen so dicht nebeneinander, Rücken an Rücken, dass er nicht vorwärts kommen konnte. Da stieg der Mann auf die Rücken der Tiere und wanderte über sie hin dem Feuer zu. Und keins von den Tieren wachte auf oder regte sich.
Als der Mann fast beim Feuer angelangt war, sah der Hirt auf. Es war ein alter, mürrischer Mann, der unwirsch und hart gegen alle Menschen war. Und als er einen Fremden kommen sah, griff er nach einem langen, spitzigen Stabe, den er in der Hand zu halten pflegte, wenn er seine Herde hütete, und warf ihn nach ihm. Und der Stab fuhr zischend gerade auf den Mann los, aber ehe er ihn traf, wich er zur Seite und sauste an ihm vorbei, weit über das Feld.
Nun kam der Mann zu dem Hirten und sagte zu ihm: „Guter Freund, hilf mir und leih mir ein wenig Feuer. Mein Weib hat eben ein Kindlein geboren und ich muss Feuer machen, um sie und den Kleinen zu erwärmen."
Der Hirt hätte am liebsten nein gesagt, aber als er daran dachte, dass die Hunde dem Manne nicht hatten schaden können, dass die Schafe nicht vor ihm davongelaufen waren und dass sein Stab ihn nicht fällen wollte, da wurde ihm ein wenig bange und er wagte es nicht, dem Fremden das abzuschlagen, was er begehrte.
„Nimm, so viel du brauchst", sagte er zu dem Manne.
Aber das Feuer war beinahe ausgebrannt. Es waren keine Scheite und Zweige mehr übrig, sondern nur ein großer Gluthaufen, und der Fremde hatte weder Schaufel noch Eimer, worin er die roten Kohlen hätte tragen können.
Als der Hirt dies sah, sagte er abermals: „Nimm, so viel du brauchst!"
Und er freute sich, dass der Mann kein Feuer wegtragen konnte. Aber der Mann beugte sich hinunter, holte die Kohlen mit bloßen Händen aus der Asche und legte sie in seinen Mantel. Und weder versengten die Kohlen seine Hände, als er sie berührte, noch versengten sie seinen Mantel, sondern der Mann trug sie fort, als wenn es Nüsse oder Äpfel gewesen wären.

Als dieser Hirt, der ein so böser, mürrischer Mann war, dies alles sah, begann er sich bei sich selbst zu wundern: „Was kann dies für eine Nacht sein, wo die Hunde den Mann nicht beißen, die Schafe nicht erschrecken, die Lanze nicht tötet und das Feuer nicht brennt?“ Er rief den Fremden zurück und sagte zu ihm: „Was ist dies für eine Nacht? Und woher kommt es, dass alle Dinge dir Barmherzigkeit zeigen?“
Da sagte der Mann: „Ich kann es dir nicht sagen, wenn du selber es nicht siehst.“ Und er wollte seiner Wege gehen, um bald ein Feuer anzünden und Weib und Kind wärmen zu können.
Aber da dachte der Hirt, er wolle den Mann nicht ganz aus dem Gesicht verlieren, bevor er erfahren hätte, was dies alles bedeute. Er stand auf und ging ihm nach, bis er dorthin kam, wo der Fremde daheim war.

Da sah der Hirt, dass der Mann nicht einmal eine Hütte hatte, um darin zu wohnen, sondern er hatte sein Weib und sein Kind in einer Berggrotte liegen, wo es nichts gab als nackte, kalte Steinwände.
Aber der Hirt dachte, dass das arme unschuldige Kindlein vielleicht dort in der Grotte erfrieren würde, und obgleich er ein harter Mann war, wurde er davon doch ergriffen und beschloss, dem Kinde zu helfen. Und er löste sein Ränzel von der Schulter und nahm daraus ein weiches, weißes Schaffell hervor. Das gab er dem fremden Manne und sagte, er möge das Kind darauf betten.
Aber in demselben Augenblick, in dem er zeigte, dass auch er barmherzig sein konnte, wurden ihm die Augen geöffnet und er sah, was er vorher nicht hatte sehen, und hörte, was er vorher nicht hatte hören können.
Er sah, dass rund um ihn ein dichter Kreis von kleinen, silberbeflügelten Englein stand. Und jedes von ihnen hielt ein Saitenspiel in der Hand und alle sangen sie mit lauter Stimme, dass in dieser Nacht der Heiland geboren wäre, der die Welt von ihren Sünden erlösen solle.
Da begriff er, warum in dieser Nacht alle Dinge so froh waren, dass sie niemand etwas zuleide tun wollten.
Und nicht nur rings um den Hirten waren Engel, sondern er sah sie überall. Sie saßen in der Grotte und sie saßen auf dem Berge und sie flogen unter dem Himmel. Sie kamen in großen Scharen über den Weg gegangen, und wie sie vorbeikamen, blieben sie stehen und warfen einen Blick auf das Kind.
Es herrschte eitel Jubel und Freude und Singen und Spiel, und das alles sah er in der dunklen Nacht, in der er früher nichts zu gewahren vermocht hatte. Und er wurde so froh, dass seine Augen geöffnet waren, dass er auf die Knie fiel und Gott dankte.

Selma Lagerlöf

Das verschwundene Jesuskind

Die ganze Gemeinde war stolz auf die Weihnachtskrippe in ihrer Pfarrkirche. Denn alle hatten ihren Anteil zu der kunstvollen Bastelarbeit der Krippe beigetragen. Auch die Bemalung der lebendig wirkenden Figuren von Maria und Joseph, der Hirten und Könige, von Öchslein und Eselein und den weißen wolligen Lämmchen, die sich zwischen den Hirten neugierig hinzudrängten, war Gemeinschaftswerk gewesen. Neben dem Eingang zur Höhle standen ein paar exotische Pflanzen, eine Zwergpalme, eine Aloe und ein paar blühende Kakteen. Über der Höhle leuchtete der Stern von Betlehem. Das Innere der Höhle lag im Dunkel, aber in der Wölbung war eine Öffnung, durch die der helle Glanz des Sterns hereinstrahlte. Er beschien das Jesuskind in der Krippe, es war, als ginge von dem göttlichen Kinde aller Glanz aus, der vom Antlitz seiner Mutter widerstrahlte und der auch all die anderen Figuren hell und leuchtend aus dem geheimnisvollen Dunkel hob.

Das Jesuskind in der Krippe war die Freude aller Kinder. Es lächelte so lieb und hold und streckte seine Händchen aus, als wolle es sagen: „Lasset die Kindlein zu mir kommen" – Und sie kamen nur zu gern. Niemand hätte sich ein Weihnachtsfest ohne diese Krippe vorstellen können. Fing doch das Weihnachtsfest an, wenn in der Mette um Mitternacht der Stern über der Höhle aufleuchtete und in seinem hellen Licht das Jesuskind in der Krippe plötzlich sichtbar wurde, als sei es eben vom Himmel herabgestiegen.

Und dann geschah das Unfassbare. Als am dritten Tage nach Weihnachten der Pfarrer durch das Kirchenschiff zur Sakristei ging und dabei noch einen Blick auf die Krippe werfen wollte, kam ihm der Küster in heller Verzweiflung entgegen.

„Hochwürden – Hochwürden!", stotterte er heiser vor Aufregung, „das Kind ist weg! Unser Jesuskind – aus der Krippe haben sie es gestohlen!"

Der Pfarrer schüttelte ungläubig den Kopf. „Das gibt es in unserer Gemeinde nicht."
„Dann muss es jemand aus einer anderen Gemeinde sein, der neidisch auf unsere schöne Krippe war." Auch das schien dem Pfarrer nicht einzuleuchten. Er entgegnete ruhig und bestimmt: „Wir wollen selber Detektiv spielen. Ich setze mich hier in den Beichtstuhl und ziehe den Vorhang etwas zurück. So kann ich alles übersehen, was bei der Krippe geschieht. Und Sie verstecken sich hinter dem Pfeiler dort."
Kaum hatte der Küster sein Versteck und der Pfarrer seinen Spähposten bezogen, als die Kirchentür sich öffnete und kurze eilige Schritte von den Steinfliesen widerhallten. „So unbekümmert tritt kein Dieb auf", sagte sich der Pfarrer und neigte sich etwas vor, um den Eintretenden besser sehen zu können.
Der Kleine, der da so selbstsicher, ohne nach links und rechts zu sehen, direkt auf die Krippe zulief, war ein etwa fünfjähriges Bübchen aus dem Dorf. Wie wird er erschrecken, wenn er die Krippe leer findet, dachte der Pfarrer mit Bedauern.

Aber was trug er im linken Arm, sorglich mit dem Mäntelchen verdeckt? Ob er dem Jesuskind ein Spielzeug bringen wollte? – Schon manchmal hatte der Pfarrer bunte Murmeln und Bälle und Süßigkeiten gefunden, die Buben und Mädchen dem Kind in der Krippe wie einem kleinen Spielkameraden heimlich gebracht hatten. Aber was der Kleine jetzt unter dem Mäntelchen hervorholte, schien ein großes Spielzeug zu sein. Der Pfarrer vergaß für einen Augenblick seine Rolle als Detektiv und schob den Vorhang zurück, um zu beobachten, wie der Kleine sich verhielt, wenn er die Entdeckung machte, dass das Jesuskind verschwunden war.
Aber von Erschrecken war nichts zu bemerken. Das Kind beugte sich über die leere Krippe und legte mit äußerster Behutsamkeit das Mitgebrachte hinein. Dann glättete es sorgfältig Stroh und Moos ringsum, und als es dabei zur Seite trat und den Blick auf die Krippe freigab, glaubte der Pfarrer seinen Augen nicht trauen zu dürfen – denn da lag vor ihm lächelnd, mit zärtlich ausgestreckten Händchen, das verschwundene Jesuskind.
Nun wandte sich der Knabe zum Weggehen. Aber dann blickte er sich noch einmal um und nickte dem Kind in der Krippe so vertraut und lächelnd zu, wie einem guten Kameraden nach fröhlichem Spiel. Da stand der Pfarrer vor ihm.
„Wie kommst du zu dem Jesulein?“, fragte er maßlos erstaunt. „Wo hast du es gefunden? Oder wer hat es dir gegeben?“
„Niemand hat es mir gegeben“, sagte der Bub, „ich habe es aus der Krippe genommen.“
„Aber warum denn? Was hast du denn mit dem Jesuskind gemacht?“
Jetzt wurde der Kleine verlegen und blickte scheu vor sich hin.

Dann schaute er den Pfarrer treuherzig an und sagte: „Herr Pfarrer, das war nämlich so: Ich hätte so gern einen schönen Roller gehabt, weil ich doch so gern Roller fahre."
„Und hast keinen bekommen?", fragte der Pfarrer voll Bedauern.
„Meiner Mutter war er zu teuer", erklärte der Bub, „und da hab ich mir vom Christkind einen gewünscht."
„Und das Christkind hat dir den Roller gebracht?" – „O ja, Herr Pfarrer", sein Gesichtchen strahlte. „Einen ganz wunderschönen Roller. Und ich bin so glücklich und dem lieben Christkind so dankbar. Ach, Herr Pfarrer, und da hab ich gedacht, wo doch alle Kinder so gern Roller fahren, würde es dem Christkind auch Freude machen, und weil ich ihm so dankbar bin, wollte ich ihm mal zeigen, wie schön es sich mit dem neuen Roller fahren lässt ..."
„Und da bist du mit dem Jesuskind Roller gefahren?"
„Ja, Herr Pfarrer, jetzt eben in der schönen Mittagssonne. Drei Ehrenrunden hab ich mit ihm um die Kirche gemacht."

Catharina Bachem-Tonger

Kapitel 6

Weihnachtsüberraschungen

Vom Christkind

Denkt euch,
ich habe das Christkind gesehen!
Es kam aus dem Walde, das Mützchen voll Schnee,
mit rot gefrorenem Näschen.
Die kleinen Hände taten ihm weh;
denn es trug einen Sack, der war gar schwer,
schleppte und polterte hinter ihm her –
was drin war, möchtet ihr wissen?
Ihr Naseweise, ihr Schelmenpack –
meint ihr, er wäre offen, der Sack?
Zugebunden bis oben hin!
Doch war gewiss was Schönes drin:
Es roch so nach Äpfeln und Nüssen.

Anna Ritter

Tante Margas Weihnachtsgeschenk

Svenja hatte fünf Onkel und eine Tante. Die fünf Onkel waren alle wie ganz normale Onkel und ziemlich langweilig. Die eine Tante war überhaupt nicht wie eine ganz normale Tante und nicht im Mindesten langweilig.

Svenjas Tante war die Schwester von Svenjas Mutter und hieß Marga. Eigentlich hieß sie ja Margarete, aber dieser Name gefiel ihr nicht. „Das klingt ja, als wäre ich meine eigene Großmutter“, sagte sie. Und deshalb nannte sie sich nur Marga.

„Marga und ihre verrückten Einfälle“, stöhnte Svenjas Mutter. Aber Svenja fand ihre Tante Marga herrlich. Sie liebte ihre verrückten Einfälle. Und vor allem liebte sie ihre verrückten Weihnachtsgeschenke!

Trotz aller Verrücktheit war Tante Marga die Pünktlichkeit in Person. Heilig Abend stand sie immer auf die Minute genau um sechs Uhr abends vor der Tür. Dann zündeten sie die Kerzen vom Weihnachtsbaum an, sangen Lieder, machten Bescherung und aßen die Weihnachtsgans.

Aber diesmal stand Tante Marga nicht um Punkt sechs Uhr vor der Tür. Sie klingelte auch nicht um viertel nach sechs. Und auch nicht um halb sieben. Papa steckte schon mal die Kerzen an den Baum und Svenja deckte den Tisch. Aber Tante Marga kam nicht.

Mama stellte die Hitze vom Herd klein. „Die Gans wird mir ja trocken“, sagte sie ärgerlich.

Um viertel vor sieben zündeten sie die Kerzen vom Weihnachtsbaum an und sangen Lieder. Aber irgendwie klang es nicht wie sonst. Tante Margas kräftige Stimme, die nie den richtigen Ton traf, fehlte. Papa vergaß vor lauter auf die Uhr schauen das Singen. Und Mama rannte ständig in die Küche, um zu sehen, ob die Gans schon verbrannt war.

Um sieben Uhr klingelte es endlich. Svenja stürzte zur Tür.

„Ich musste noch das Geschenk abholen“, erklärte Tante Marga

ziemlich atemlos. Sie trug eine weite Pluderhose und darüber ein rotes Gewand. Rot war Tante Margas Lieblingsfarbe. Im Arm hielt sie etwas, das in ein Tuch gehüllt war und heftig zappelte. Das war bestimmt das Geschenk.
Tante Marga trat ins Wohnzimmer. „Frohe Weihnachten“, keuchte sie und umklammerte das zappelnde Geschenk. Doch das Geschenk machte einen Satz, sprang ihr aus dem Arm und fegte mit dem Tuch durch das Wohnzimmer.
„Vorsicht, der Baum!“, schrie Papa, aber es war schon zu spät. Das Geschenk sauste unter den Zweigen durch und riss den Baum mit sich, so dass er mitsamt den brennenden Kerzen zu Boden stürzte. Tante Marga griff beherzt nach der Decke, die auf dem Sofa lag, und warf sie über den brennenden Baum.
„Gelöscht“, sagte sie und schaute zufrieden auf die angekokelte Decke.

Svenja rannte kichernd hinter dem Geschenk her. Das war ja mal wieder ein echtes Tante-Marga-Geschenk! Sie wollte es einfangen, aber sie bekam nur einen Zipfel des Tuches zu fassen. Das Geschenk rannte ohne Tuch weiter. Es war schwarz mit Schlappohren und weißen tapsigen Pfoten.
„Ein Hund“, stöhnte Mama. Sie sah aus, als würde sie gleich in Ohnmacht fallen.

„Ist der niedlich!“, rief Svenja begeistert. „Und so klein!“
„Oh, der bleibt nicht so klein“, meinte Tante Marga.
Papa schaute Mama an. Mama schaute Papa an. Sie waren beide ein wenig blass um die Nase.
„Er heißt Anton“, sagte Tante Marga.
„Anton?“, sagte Papa. „Das ist doch kein Name für einen Hund. Hunde heißen Ben oder Bob. Oder Fiffi.“ Er lachte.
„Fiffi ist doch kein Name für einen Hund, der mal so groß wird“, sagte Tante Marga.
Jetzt lachte Papa nicht mehr.
Anton hatte jetzt aufgehört zu rennen und ließ sich nieder, um eine ergiebige Pfütze auf den Wohnzimmerteppich zu machen.
Inzwischen war Mama schon grün um die Nase.
„Aber wir dürfen ihn doch behalten“, bettelte Svenja. Sie rannte schnell nach einem Lappen, um die Pfütze zu beseitigen, aber die war bereits im Teppich versickert.
Anton tapste auf Mama zu. Er sah wirklich sehr niedlich aus mit seinen viel zu großen weißen Pfoten.
„Der nimmt uns doch die ganze Wohnung auseinander“, sagte Papa.
„Das ist überhaupt kein Problem“, meinte Tante Marga. „Ihr nehmt elektrische Weihnachtskerzen. Und auf den Teppich legt ihr Zeitungspapier.“
„Hm“, machte Papa.
„Ich geh auch ganz oft mit ihm raus“, versicherte Svenja. „Und bestimmt wird er schnell erwachsen.“
„Hm“, machte Papa.
Mama sagte nichts. Sie schaute nur den Hund an. Der Hund legte sich zu ihren Füßen und rollte sich zufrieden zusammen. Mama sagte immer noch nichts. Aber irgendwie sah sie auch zufrieden aus. Sie streckte die Hand aus und streichelte den Hund.

Luise Holthausen

Was Lololith in der Weihnachtsnacht erlebte

Es ist dann doch noch alles gut geworden bei jenem Weihnachtsfest. Als Valentin am Nachmittag des Heiligabends bemerkte, dass Lololith verschwunden war, sah es allerdings noch gar nicht danach aus. Valentin war mit Jörg beim Staigerhof gewesen. Dort hatte ihnen Tante Anna so viele Päckchen für die ganze Familie mitgegeben, dass ihm gar keine Hand mehr für den Puppenjungen frei blieb. So legte er ihn neben sich auf den Schlitten. Als sie zu Hause ankamen, war Lololith nicht mehr da. Zwar war der große Bruder sogleich mit Valentin umgekehrt, und sie hatten den Weg noch einmal abgesucht. Aber in der schnell hereinbrechenden Dunkelheit hatten sie den Puppenjungen nirgends mehr entdecken können.

Bei der Bescherung spiegelte sich darum das Licht der Kerzen glitzernd in den Tränen des unglücklichen Puppenvaters. Als er aber gar aus einem von Tante Annas Päckchen eine neue Jacke für Lololith herausholte, flossen die eben versiegten Tränen noch einmal reichlich. Allzu deutlich sprach das Geschenk davon, dass die Puppe verloren war.

So eine verweinte Bescherung hatte es auf dem Halterhof seit Menschengedenken noch nicht gegeben.

Früher als sonst am Heiligabend ging Valentin zu Bett. Fest drückte er das wollene Lämmlein, das er bekommen hatte, an sich, um sich von ihm trösten zu lassen. Aber das Schäfchen verstand sich noch nicht auf jene Kunst, die Lololith so wunderbar beherrschte. Der Junge musste sich noch oft von einer Seite auf die andere rollen, ehe er endlich Schlaf fand.

Draußen stieg der volle Mond empor und tauchte die Schneelandschaft in sein silbernes Zauberlicht: den Hof und die kahlen Äcker, den Wald und den Weg, auf dem noch die Schlittenspur glänzte. Er leuchtete auch hell auf den Busch, unter dem der Puppenjunge immer noch genauso lag, wie er vor Stunden vom Schlitten gefallen war.

So nahte die heilige Stunde.

Als aber fern in der Stadt die Glocken Mitternacht läuteten, begann Lololith auf einmal, sich zu regen. Er setzte sich auf und rieb den Schlaf aus den Augen. Dann schaute er sich verwundert um.
„Wo bin ich denn?“, fragte er leise. „Und wo ist Valentin? Wieso bin ich denn nicht in meinem Bettlein?“
„Du bist bei mir“, flüsterte der Busch, „und ich schütze dich vor Wind und Wetter, so gut ich kann.“
„Aber ich will nicht hier bleiben“, erwiderte Lololith und erhob sich. „Ich will doch heim zu Valentin. Ach, wenn ich nur wüsste, wohin ich gehen muss.“

„Wir wollen dich führen“, piepsten da zwei Mäuslein, die unter der Wurzel des Busches ihre Nasen hervorsteckten. „Wir kennen den Weg. Doch er ist weit, und du wirst flink laufen müssen, denn die Stunde ist bald um.“

„Die Stunde?“, fragte Lololith erstaunt. „Von welcher Stunde redet ihr?“

„Von der heiligen Stunde“, erwiderten die Mäuslein, „von der Stunde, in der Pflanzen und Tiere mit Menschenstimme sprechen können und du selbst lebendig bist wie unsereins.“

Da hatte Lololith es eilig und folgte den Mäuslein, so schnell er konnte.

Was machte der Puppenjunge für große Schritte! Dennoch verrann die Zeit, und immer noch war der Weg zum Halterhof weit. Als sie zum Wald kamen, musste Lololith eine Pause machen.

„Ich kann nicht mehr laufen“, klagte er atemlos. „Meine Beine tragen mich einfach nicht mehr.“

„Ich will dich tragen“, hörte er da jemanden sagen.

In der Dunkelheit sah er zwei gelbe Augen blitzen, und dann stand der Fuchs vor ihm.

„Setz dich auf meinen Rücken, Puppenkind“, forderte er Lololith freundlich auf, „ich will dein Pferdchen sein in dieser heiligen Stunde.“

Der Puppenjunge ließ sich nicht zweimal bitten. Flink sprang er auf den Rücken des Fuchses und hielt sich in dessen Nackenfell fest. Über die Schulter rief er den Mäuslein schnell einen Dank zu. Dann rannte der Fuchs bereits mit ihm durch den Wald und über das weite weiße Feld, das dahinter lag, bis sie den Halterhof erreichten. Erst als er beim Bauernhaus angelangt war, hielt der Fuchs an und ließ Lololith sacht zu Boden gleiten.

„Frohe Weihnachten, Puppenkind“, wünschte ihm der Fuchs, ehe er wieder davonschlich, „und sag deinen Leuten ruhig, dass ich es war, der dir heute Nacht geholfen hat.“

Das wollte Lololith gern tun. Nun wanderte er um das große Bauern-

haus herum, einmal und noch einmal. Wie aber sollte er nur zu Valentin hineinkommen? Dessen Zimmer lag hoch oben unter dem Dach. So sehr er sich auch recken mochte, da kam er niemals hinauf.
Da hörte Lololith das leise Rauschen großer Schwingen, und dann sah er die Eule, die sich vor ihm auf die Stufen des Hauses setzte.
„Ich kann dich gern hinauftragen“, erbot sie sich, „wenn du mir zeigst, hinter welchem Fenster du zu Hause bist.“
Vorsichtig nahm sie den Puppenjungen in ihre großen Klauen und erhob sich mit ihm in die Lüfte, und Lololith zeigte ihr das Fenster, hinter dem Valentin unruhig schlief. Vor dem Fenster war ein breites Brett, auf dem im Sommer die Geranientöpfe standen. Darauf setzte die Eule den Puppenjungen nieder.
„Danke“, wollte der sagen. Doch da war die heilige Stunde eben zu Ende, und der Puppenjunge fiel, bums, mit dem Kopf gegen die Fensterscheibe.
Auch das „Fröhliche Weihnachten“ der Eule klang nur noch wie ein ganz gewöhnliches „Uhuu uhuu“.
Drinnen im Bett aber richtete sich ein kleiner Junge auf. Ob er vom „Bums“ des Puppenkopfes oder vom „Fröhliche-Weihnachten-Uhuu“ der Eule erwacht war, weiß ich nicht.
„Lololith“, flüsterte Valentin und zog den Vorhang beiseite.
Er war gar nicht verwundert, den Puppenjungen dort zu finden. Jemand musste ihm wohl im Traum bereits verraten haben, dass Lololith dort auf ihn wartete. Schnell öffnete er das Fenster und holte ihn zu sich herein. Im Bettlein wurde dem Puppenjungen bald wieder warm.
Eigentlich wollte Valentin ja von Lololith noch erfahren, wo er denn gewesen und wie er auf das Fensterbrett gekommen sei. Doch noch ehe er den Puppenjungen dies alles fragen konnte, war das glückliche Kind schon wieder eingeschlafen.
Beim Wiedersehen mit Lololith am nächsten Morgen gab es im Haus ein freudiges Hallo und manches Rätselraten, wie die Puppe wohl

wieder heimgefunden hatte. Aber auf dem Fensterbrett lag eine weiche Eulenfeder und bis ans Haus heran führten durch den Schnee frische Fuchsspuren. Da haben sich die Leute schon denken können, wer Lololith in dieser Nacht geholfen hatte und wem sie Dank schuldeten.

Georg Dreißig

Traumbescherung

Ich hab mir was ausgedacht,
dass mir aber keiner lacht!
Dieses Jahr zur Weihnachtszeit,
da beschenk ich weit und breit
alle Leut – ihr glaubt es kaum?
Jeder kriegt von mir 'nen Traum:
Raben, die Trompete blasen,
bring ich mit, karierte Hasen,
eine Fuhre Gummibärchen,
dreizehn Flaschen voller Märchen,
Bäume, die spazieren gehen,
Stunden, die ganz stille stehen,
Hunde, die sich reiten lassen,
frisch gebrat'nes Eis in Massen,
schnelle Autos für die Kinder,
einen Zauber-Wunsch-Zylinder,
Extra-Väter, nur zum Spielen,
Bälle, die von selber zielen,
eine Müllkippe zu Hause
und 'ne Limonadenbrause,

Betten, die im Dunkeln fliegen,
Masern, die wir niemals kriegen,
Sommerschnee auf Rodelwiesen,
aufblasbare bunte Riesen,
Feuerchen, die knisternd brennen,
Mütter, die nicht schimpfen können,
Badeseen an den Ecken,
Lutschbonbons so lang wie Stecken,
Schulen, nur zum Lachenlernen,
Flugzeugtaxis zu den Sternen,
Sofas, um drauf rumzuspringen,
Lieder, die sich selber singen,
Pulver zum Unsichtbarmachen,
ein paar kleine, zahme Drachen,
Katzen, die auf Rollschuh'n rennen,
Morgenstunden zum Verpennen,
Wände, um sie anzumalen,
Nüsse ohne harte Schalen,
einen Löwen zum Liebkosen
und statt Ärger rote Rosen.
Hier ist die Bescherung aus.
Sucht für euch das Beste raus!

Gina Ruck-Pauquèt

Die Weihnachtsmaus

Die Weihnachtsmaus ist sonderbar, sogar für die Gelehrten.
Denn einmal nur im ganzen Jahr entdeckt man ihre Fährten.
Mit Fallen oder Rattengift kann man die Maus nicht fangen.
Sie ist, was diesen Punkt betrifft, noch nie ins Garn gegangen.
Das ganze Jahr macht diese Maus den Menschen keine Plage.
Doch plötzlich aus dem Loch heraus kriecht sie am Weihnachtstage.
Zum Beispiel war vom Festgebäck, das Mutter gut verborgen;
mit einem Mal das Beste weg am ersten Weihnachtsmorgen.

Da sagte jeder rundheraus:
Ich hab es nicht genommen!
Es war bestimmt die Weihnachtsmaus, die über Nacht gekommen!
Ein andres Mal verschwand sogar das Marzipan vom Peter;
was seltsam und erstaunlich war.
Denn niemand fand es später.
Der Christian rief rundheraus: Ich hab es nicht genommen!
Es war bestimmt die Weihnachtsmaus, die über Nacht gekommen!
Ein drittes Mal verschwand vom Baum, an dem die Kugeln hingen,
ein Weihnachtsmann aus Eierschaum nebst andren leck'ren Dingen.
Die Nelly sagte rundheraus: Ich habe nichts genommen!
Es war bestimmt die Weihnachtsmaus, die über Nacht gekommen!
Und Ernst und Hans und der Papa, die riefen: Welche Plage!
Die böse Maus ist wieder da, und just am Feiertage!
Nur Mutter sprach kein Klagewort. Sie sagte unumwunden:
Sind erst die Süßigkeiten fort, ist auch die Maus verschwunden!
Und wirklich wahr: Die Maus blieb weg, sobald der Baum geleert war,
sobald das letzte Festgebäck gegessen und verzehrt war.

Sagt jemand nun, bei ihm zu Haus – bei Fränzchen oder Lieschen –,
da gäb' es keine Weihnachtsmaus, dann zweifle ich ein bisschen!
Doch sag ich nichts, was jemand kränkt! Das könnte euch so passen!
Was man von Weihnachtsmäusen denkt, bleibt jedem überlassen!

James Krüss

Der Weihnachtsbaum

Es war Heiligabend, und der Weihnachtsbaum stand fertig geschmückt für die Feiertage da. Aber kaum waren alle zu Bett gegangen, als die Spielsachen, die am Baum hingen, miteinander zu reden und zu tuscheln begannen.

„Es wäre doch ein rechter Spaß", sagten sie, „wenn wir alle heruntersteigen und uns verstecken würden."

Sie kletterten also alle vom Baum herunter und ließen ihn ganz kahl zurück und versteckten sich – einige hinter den Schränken und einige hinter den Heizröhren und einige hinter den Büchern auf den Regalen im Wohnzimmer und wo es ihnen sonst noch einfiel.

Am ersten Feiertag kamen die Kinder herunter und wünschten einander fröhliche Weihnachten: Aber als sie ihren entzückenden Baum ganz kahl dastehen sahen mit nicht einmal einem einzigen Knallbonbon mehr daran, da weinten und weinten sie heiße Tränen.

Als sie die Kinder weinen hörten, schämten sich die Spielsachen gehörig wegen des unartigen Streichs, den sie ihnen gespielt hatten: Trotzdem aber mochten sie nicht recht aus ihren Verstecken hervorkommen, während jemand herumstand. Sie warteten also, bis alle in die Kirche gegangen waren, und dann schlüpften sie hervor.

„Ich weiß!", sagte die Arche Noah und sprach mit all ihren Stimmen zugleich, „ich hab eine Idee!" Sie führte also die andern Spielsachen zum Haus hinaus und in die Stadt, und da trennten sie sich und suchten sich ihren Weg durch die Hintertür in jeden Spielzeugladen und in jeden Süßigkeitsladen. Einmal drinnen, luden sie alle Spielsachen und alle Süßigkeiten zu einer großen Gesellschaft ein, die sie gäben, und führten sie zurück zum Haus.

„Hier ist es, wo wir unsere Gesellschaft geben", sagten sie und zeigten auf den Weihnachtsbaum. So kletterten denn all die neuen Spielsachen zu den Zweigen des Baums hinauf und hängten sich dran. Es war wahrhaftig kaum genug Platz für sie alle, denn es waren nun zehnmal so viel da als vorher. Die ganze Zeit in der Kirche hatten die Kinder still hinter ihren Gesangbüchern in sich hineingeweint und waren noch immer ziemlich traurig, als sie nach Haus kamen; aber als sie ihren Weihnachtsbaum erblickten mit zehnmal so viel Geschenken daran, als vorher da gewesen waren, und mit zehnmal so viel Kerzen, die einander lieblich anstrahlten, da lachten sie und klatschten in die Hände und jauchzten vor Freude und sagten, in ihrem ganzen Leben hätten sie noch niemals einen so bezaubernden Weihnachtsbaum gesehen!

Richard Hughes

Weihnachtsüberraschungen

Wenn ich versuche zurückzudenken, dann gibt es nicht viele Weihnachtsabende, an die ich mich noch genau erinnern kann. Die Erinnerungen verwischen und vermischen sich mit der Zeit, weil sie sich zu sehr ähneln. Der Ablauf des Weihnachtsabends blieb immer gleich, das Einzige, was wechselte, waren die Weihnachtsgeschenke.
Ein paar Weihnachtsfeste blieben mir allerdings in Erinnerung. Das waren die besonders traurigen (während der Kriegszeit, wenn wir mit meiner weinenden Mutter etwas betreten neben dem Christbaum saßen) oder die besonders lustigen.
Aber das aufregendste Weihnachtsfest war zweifellos das, als Vater den Christbaum aus dem Fenster warf.
Die ganze Verwirrung damals kam wahrscheinlich zustande, weil sich meine große Schwester eine Weihnachtsüberraschung ausgedacht hatte, von der zwar ich etwas wusste, nicht aber der Rest der Familie. Und weil sich mein Vater gleichzeitig eine Weihnachtsüberraschung hatte einfallen lassen, von der der Rest der Familie wusste, nicht aber meine große Schwester und ich.
Unsere Weihnachtsüberraschung, also die von meiner Schwester und mir, war Joschi.
Vaters Weihnachtsüberraschung war Tante Rosi.
Joschi war ein japanischer Student, den meine Schwester in München auf der Universität kennen gelernt hatte. Während des Sommers war er drei Tage bei uns zu Besuch gewesen. Die ganze Familie hatte ihn auf Anhieb gern; obwohl es schwierig war, sich mit ihm zu unterhalten. Er sprach nämlich kaum ein Wort Deutsch. Mit meiner Schwester unterhielt er sich englisch, aber Englisch konnten meine Eltern nicht, und meine Schwester war es nach ein paar Stunden leid, alles, was sie oder Joschi sagten, zu übersetzen.
Tante Rosi war meine Großtante. Sie kam ab und zu bei uns vorbei und ich empfing sie jedes Mal mit gemischten Gefühlen. Auf die Tante

freute ich mich schon, denn sie war nett und wusste, dass eine Großtante ihrem Großneffen immer etwas mitzubringen hatte. Leider brachte sie auch immer Mucki mit. Das war ihr Hund, ein dicker, überfütterter Pudel, der Kinder nicht leiden konnte, jedes Mal knurrte, wenn ich in seine Nähe kam und mich mehr als einmal fast gebissen hätte. Sie musste Mucki überall mit hinnehmen, weil sie allein lebte und niemand sonst auf Mucki aufgepasst hätte.

Der Weihnachts-Überraschungs-Plan meiner Schwester sah so aus: Sie war am Nachmittag aus München zurückgekommen, hatte Joschi heimlich mitgebracht und es war ihr sogar gelungen, ihn unbemerkt in mein Zimmer zu schmuggeln. Da war er vor Entdeckung sicher, denn die Eltern durften am Weihnachtsnachmittag die Kinderzimmer nicht betreten, so war es abgemacht, weil dort die Geschenke für sie versteckt waren.

Joschi sollte sich aus meinem Zimmer schleichen und vor der Tür warten, nachdem wir uns alle im Weihnachtszimmer versammelt hatten. Und wenn wir – wie jedes Jahr – anfingen, „Stille Nacht“ zu singen, sollte er die Tür aufmachen und plötzlich im Weihnachtszimmer stehen. Meine große Schwester hatte mir einen Indianer-Kopfschmuck versprochen, wenn ich niemandem etwas von dieser Überraschung erzählte. Sie wusste, dass auf meiner Wunschliste an erster Stelle stand: ein Zauberkasten und ein Indianer-Kopfschmuck aus Federn.

Was wir beide nicht wussten: Fast gleichzeitig mit Joschi war Tante Rosi mit Mucki gekommen. Wir hatten sie nicht gehört, weil wir so mit Joschi beschäftigt waren.

Der Weihnachts-Überraschungs-Plan meines Vaters sah so aus: Er hatte Tante Rosi gleich ins Weihnachtszimmer geschmuggelt. Dort lagen schon die Geschenke für mich: eine Zauberausrüstung mit Hut, Zauberstab und rotem Umhang und eine Indianer-Federkrone, die meine Mutter selbst gemacht hatte. Kurz bevor ich ins Weihnachtszimmer kam, sollte Tante Rosi die Federkrone aufsetzen und sich hinter dem zugezogenen Fenstervorhang verstecken. Meinem Vater war klar, dass ich meine Zaubersachen gleich ausprobieren würde, vielleicht sogar ein bisschen enttäuscht darüber, dass der Indianer-Kopfschmuck, den ich mir so gewünscht hatte, doch nicht auf dem Gabentisch lag. Aber nach meinem ersten Zauberspruch würde sich der Vorhang teilen und Tante Rosi erscheinen, als Indianer mit meiner Federkrone.

Endlich war es draußen dunkel geworden, meine Mutter rief nach uns, die Tür zum Weihnachtszimmer wurde geöffnet. Die Kerzen am Christbaum brannten und spiegelten sich in den versilberten Christbaumkugeln. Es roch weihnachtlich.
Zu meiner Überraschung bestanden meine Eltern nicht darauf, dass erst einmal Weihnachtslieder gesungen werden müssten, wir durften uns gleich die Geschenke ansehen.
Ich entdeckte sofort die Zaubersachen und stürzte mich darauf.
„Gefallen sie dir?“, fragte meine Mutter.
„Ganz toll!“, rief ich und setzte gleich den spitzen Zauberhut auf, um zu sehen, ob er mir passte.
„Sicher willst du den Zauberstab gleich ausprobieren!“, sagte mein Vater.
„Nein, erst muss ich den Zaubermantel anziehen“, antwortete ich und versuchte, mir den Zauberumhang umzulegen. Ich kam mit dem Verschluss nicht zurecht.
Mein Vater stand ungeduldig daneben.
„Ich werde gleich was verschwinden lassen“, sagte ich.
„Verschwinden lassen ist nicht gut“, sagte mein Vater.

„Zauberer zaubern etwas her. Am besten etwas Großes, etwas Lebendiges. Keinen Gegenstand!"
„Vielleicht einen Elefanten?"
„Der ist zu groß, der passt ja nicht ins Zimmer! Es muss ein Mensch sein!"
„Ein Mensch? Also gut! Ein fremder Mensch?"
Ich dachte an den armen Joschi, der ja immer noch vor der Tür stand, da wir bis jetzt noch keine Weihnachtslieder gesungen hatten.
„Einen Japaner", rief ich. „Ich werde einen Japaner herzaubern!"
„Japaner!", wiederholte mein Vater ärgerlich. „Fällt dir nichts Besseres ein? Du hast doch den Lederstrumpf gelesen. Na? Jemand aus einem anderen Volk, von ganz weit her!"
„Du hast wohl etwas gegen Japaner!", rief meine Schwester empört und wurde ganz aufgeregt.
„Nein, natürlich nicht, das weißt du doch. Aber es dauert wirklich ewig, bis er sich den Indianer herwünscht!"
„Woher soll ich denn wissen, dass es ein Indianer sein soll!", sagte ich beleidigt und war nahe daran, in Tränen auszubrechen. Ich verstand meinen Vater nicht. Es war doch klar, dass das Ganze ein Spiel war. Meine Mutter sagte vorwurfsvoll: „Ihr werdet doch am Heiligen Abend keinen Streit anfangen wollen!"

„Du hast Recht“, sagte meine große Schwester. „Wir sollten endlich anfangen zu singen.“
„Nein, noch nicht“, sagte mein Vater aufgebracht. „Du singst doch sonst nie gerne Weihnachtslieder. Warum denn ausgerechnet jetzt, wo sich dein Bruder einen Indianer herwünschen will!“
„Also gut“, sagte ich. „Zaubere ich einen.“
„Aber von wo soll er kommen?“, fragte mein Vater. „Schau dich mal um, am besten wäre es wie über eine Bühne.“ Dabei stellte er sich neben den Fenstervorhang.
„Nein, von der Tür“, sagte ich. Denn ich dachte an Joschi, der immer noch draußen stand.
„Nicht durch die Tür!“ Mein Vater wurde ärgerlich. „Er muss durchs Fenster kommen.“
„Nein, durch die Tür“, beharrte ich.
„Durchs Fenster!“
„Jetzt lass doch den Paul wünschen“, sagte meine Schwester mit Nachdruck. „Schließlich ist es doch sein Zauberstab.“
Ich merkte, dass mein Vater schon wieder nah dran war, aufzubrausen. Er bekam schon einen ganz roten Kopf, deswegen sagte ich schnell: „Na schön, soll der Japaner durchs Fenster kommen.“
„Der Indianer, der Indianer!“, verbesserte mein Vater.
Ich nahm meinen Zauberstab in die rechte Hand und zog einen weiten Zauberkreis über den Vorhang. Ehe ich aber dreimal „Abrakadabra“ sagen konnte, stürzte mit lautem Bellen Mucki auf mich zu und biss sich in meinem roten Zaubermantel fest. Einen Augenblick später erschien Tante Rosi im Indianerkopfschmuck zwischen den Vorhanghälften, schrie: „Mucki, brav! Mucki, hierher!“, packte Mucki am Halsband und zog so stark sie nur konnte. Mucki ließ meinen Zaubermantel aus den Zähnen, Tante Rosi stolperte rückwärts gegen den Christbaum, der Baum kippte und fiel um. Im Nu fingen die Zweige an zu brennen. Tante Rosi schrie: „Feuer!“ und rannte zur Tür, meine Mutter rief: „Wasser! Schnell!“ und lief ihr nach. Tante Rosi erreichte

die Tür als Erste, riss sie auf, schrie: „Huh!“ oder „Huch!“ oder so etwas Ähnliches und blieb wie versteinert stehen. Etwas verlegen kam Joschi ins Zimmer, lächelte erst und schaute dann erschrocken auf den brennenden Christbaum. Meine Mutter sagte entgeistert: „Der Joschi!!!“ und blieb ebenfalls stehen. Nur mein Vater sagte überhaupt nichts, rannte zum Fenster, riss es auf, packte den brennenden Christbaum und warf ihn mit allen Christbaumkugeln, Strohsternen und vergoldeten Nüssen hinaus in den Schnee.

Später saßen wir dann alle um den Tisch und aßen den Weihnachtssalat aus Kartoffeln, Nüssen und Äpfeln, den es jedes Jahr gab. Joschi strahlte, meine Schwester lachte pausenlos und mein Vater sagte: „Ich glaube, diesen Weihnachtstag werden wir nicht so schnell vergessen!“ Und damit hat er Recht gehabt. Wenn ich mal nach Japan komme, kann ich ja meine Schwester fragen, ob sie sich auch noch daran erinnert.

Paul Maar

Liebes Elektrizitätswerk!

Liebes Elektrizitätswerk! 27. Dezember

Ich möchte mich bei dir herzlich bedanken für diese Weihnachten. Eigentlich hatte ich mir gar nicht so viel Schönes gewünscht, wie du mir geschenkt hast. Von meinen Eltern wollte ich, dass sie dieses Jahr einen echten Weihnachtsbaum mit richtigen Kerzen kaufen. Das war alles. „Zu gefährlich. Ihr seid noch zu klein!“, hat mich Papa angeschnauzt. Dabei bin ich schon 9 und Tom, mein Bruder, ist sogar 11.
Also hatten wir doch wieder den Plastikbaum mit den elektrischen Kerzen.
Vom Christkind habe ich mir nur eines gewünscht: Dass meine Eltern sich dieses Jahr an Heiligabend einmal nicht streiten – so wie früher. Papa bekam seinen DVD-Spieler und Tom seine Playstation. Sofort haben sie die Geschenke aufgerissen, wie zwei Haie.
Und dann wurde das Weihnachtsessen kalt, weil beide gleich mit den Geschenken loslegten.

Da haben Mama auch ihr neuer Brillantring und der „tolle“ Rührstab nichts genutzt. (Sie hat jetzt bestimmt schon zehn Brillantringe und zehn Rührstäbe). Mama fing an zu weinen und Papa hat „Ruhe im Karton!“ gebrüllt und dann haben sie sich doch gestritten.
Du aber hast einfach den Strom abgestellt! Clever! Plötzlich war es dunkel und leise. Der DVD-Spieler, die Playstation und meine Eltern, alle waren still! Papa und Mama sind übereinander gestolpert und aufs Sofa gefallen. Ich musste lachen und dann haben alle erstmal gelacht.

„Wo sind die Kerzen?“, fragte Papa.
Mama sagte: „Das wollte ich gerade dich fragen.“
„Dann musst du sie von Oma und Opa holen“, sagte Papa. „Und sie einladen.“
Mama seufzte. Sie hat schon ewig Stress mit Oma und Opa, die Papas Eltern sind und gleich bei uns über den Gang wohnen. Wir wohnen fast ganz oben, im 15. Stock! Da hat man einen tollen Ausblick.
„Guckt mal!“, flüsterte Tom, der sonst immer nur schreit. Er stand am Fenster. Draußen leuchteten bestimmt tausend Kerzen in den Fenstern der Hochhäuser. Wie Weihnachtsglühwürmchen! Und dann fielen auch noch fette Schneeflocken! Bei uns schneit es nie an Weihnachten! Warst du das auch, liebes Elektrizitätswerk?
In dem Augenblick kam Mama mit Oma und Opa herein; mit Kerzen und Keksen. Oma sagte: „Frohe Weihnacht!“
Und das wurde es auch.

Deine Sara

P.S.
Kannst du nächstes Jahr wieder den Strom ausfallen lassen?

Stephan Geesing

Der Weihnachtswunsch

Möchtest du nicht meine Stiefel tragen?“, fragte mich vor kurzem Klara.
Ich wunderte mich sehr darüber und fragte: „Warum?“
„Weil ich will, dass sie endlich kaputtgehen.“
„Aber was wird Papa dazu sagen?“
Sie flüsterte: „Er wird mir neue kaufen.“
„Er wird aber nie erlauben, dass ich deine Stiefel trage“, erwiderte ich.
„Du wirst sie heimlich tragen. Immer wenn du Fußball spielst. Bis sie kaputtgehen. Wenn ich nicht bald so schöne rote Stiefel kriege wie Petra, werde ich sterben. Ehrenwort!“
Ich wollte nicht, dass meine Schwester Klara stirbt, weil ihre alten Stiefel nicht kaputtgehen, und ich sagte:
„Gut, ich werde deine Stiefel tragen, und ich verspreche dir, dass ich sie in einer Woche kaputtmache. Du kennst mich ja.“
„Du bist ein Schatz!“, sagte sie.
Sofort zog ich Klaras Stiefel an, aber sie waren mir viel zu groß. So groß, dass sie wie Clownsschuhe schlappten. Dreimal bin ich damit hingefallen.
Klara sagte: „Wie ist es möglich, dass du so kleine Füße hast?“
Ich sagte: „Und deine sind viel zu groß.“
„Wegen so was werden wir uns doch jetzt nicht streiten“, erwiderte sie. „Hast du mir versprochen, meine Stiefel kaputtzumachen oder nicht?“
„Doch.“
„Dann musst du sie auch tragen. Versprochen ist versprochen!“
Also musste ich die Stiefel wohl tragen. Ich zog sie aus und steckte zwei Taschentücher hinein. Aber das reichte nicht. Erst als ich eine ganze Zeitung hineingesteckt hatte, waren mir Klaras Stiefel nicht mehr zu groß. Jetzt begann ich endlich Fußball zu spielen. Es ging. Ich spielte den ganzen Tag, aber Klaras Stiefel gingen nicht kaputt, was uns beide

sehr ärgerte. Jeden Mittag, wenn Klara aus der Schule kam, schaute sie sich ihre Stiefel an und jammerte: „Scheußliche Stiefel! Sie gehen einfach nicht kaputt. Ich hasse sie!"
„Ich hasse sie auch schon. Aber was soll ich machen?"
„Wenn sie nicht kaputtgehen, werde ich nie neue Stiefel bekommen. Nie! Und dann sterbe ich! Du wirst es sehen!"
Ich wollte nicht, dass meine Schwester Klara wegen ihrer alten Stiefel stirbt, und spielte tüchtig weiter Fußball, und steckte immer neue Zeitungen hinein. Aber die Stiefel waren wie aus Stahl. Am Ende waren meine Füße kaputt, aber nicht Klaras Stiefel.
„Weißt du, Klara", sagte ich ganz niedergeschlagen, „wenn Papa dir keine Stiefel kauft, warum schreibst du dann nicht an unsere Ulmer Oma. Mama sagte, wir sollen ihr einen Zettel schicken mit unseren drei größten Weihnachtswünschen. Ich wünsche mir einen Fußball, bunte Filzstifte und ein Bilderbuch. Und du solltest dir dann nur rote Stiefel wünschen. Rote Stiefel als ersten Wunsch, rote Stiefel als zweiten Wunsch und rote Stiefel als dritten Wunsch. Dann wirst du deine roten Stiefel bekommen."
„Das glaube ich nicht."
„Warum denn nicht?"
„Weil rote Stiefel sehr teuer sind. Petra hat es mir schon gesagt."
„Dann schreib doch auch an die Berliner Oma. Sie soll dir den linken Stiefel schenken, und die Oma aus Ulm den rechten. Wie findest du das?"
„Das ist gar keine schlechte Idee", sagte Klara. „Mensch, du bist gar nicht so blöd, wie du aussiehst."
Sie lief schnell in ihr Zimmer und versteckte sich dort, um die Briefe zu schreiben. Und ich schaute in den Spiegel, um zu sehen, ob ich wirklich so blöd aussehe, wie sie sagte. Den ganzen Nachmittag schrieb Klara an ihren Briefen. Man konnte denken, sie schrieb einen Roman. Erst am Abend war sie fertig. Sie hatte die Briefe schön mit Herzchen und Blümchen verziert. Und ihr Zimmer sah aus wie ein Schlachtfeld.

„Willst du nicht Malerin werden?“, fragte ich Klara. „Du malst so schön.“
„Ich will erst meine roten Stiefel haben. Dann werden wir sehen.“
„Was hast du denn in den Briefen geschrieben?“
„Ganz einfach: An die Ulmer Oma habe ich geschrieben, dass ich von ihr einen rechten Stiefel möchte, und an die Berliner Oma habe ich geschrieben, dass ich von ihr einen linken Stiefel möchte. Sie müssen rot und italienisch sein. Dann werden sie zusammenpassen.“
„Gut“, sagte ich, „aber wenn der eine größer ist als der andere? Oder wenn sie beide zu klein sind? Schuhe und Stiefel muss man immer anprobieren. Das kannst du nicht. Du kannst ja nicht mit einem Fuß in Berlin sein und mit dem anderen in Ulm.“
„Doch“, sagte Klara und legte beide Briefe mit der Rückseite auf den Boden. Dann zog sie ihre Schuhe aus und stellte sich in Strümpfen mit dem Fuß auf einen Brief und sagte: „Gib mir einen Filzstift!“
Ich gab ihr sofort einen roten Filzstift und sie zog einen Strich um ihre Füße.
„So“, sagte sie, „jetzt kann kein Fehler mehr passieren. So groß muss jeder Stiefel sein.“
Mensch, Klara ist wirklich klug.
Jetzt brauchten wir nur noch zwei Briefumschläge. Nachdem wir sie gefunden hatten, hat Klara aus Mamas Adressbuch die Anschriften der beiden Omas abgeschrieben. Sie brauchte dafür den ganzen Nachmittag, wegen der kleinen Buchstaben, die sie auf die Briefumschläge schreiben musste. So kleine Buchstaben kann Klara noch gar nicht richtig schreiben.

Erst am übernächsten Tag – ganz ermattet von der Arbeit – war Klara mit allem fertig. Jetzt brauchten wir nur noch zwei Briefmarken, um die Briefe abschicken zu können. Drei Eurostücke haben wir heimlich mit einem Messer aus unserem Sparschwein geholt. Und dann schlichen wir zur Post um die Ecke. Das war alles so aufregend, dass ich zu Klara sagte: „Wenn ich schreiben kann, werde ich dir jeden Tag einen Brief schreiben."

„Gut", sagte sie, „ich bekomme Briefe sehr gern."

Jetzt brauchten wir nur noch auf Weihnachten zu warten. Und das war noch aufregender, weil wir nicht wussten, ob von der Oma aus Berlin ein linker Stiefel und von der Oma aus Ulm ein rechter Stiefel kommt. Und was würde die arme Klara machen, wenn sie nur einen Stiefel bekommt?

Dann würde es sicher einen großen Jammer geben.

Wir warteten und warteten, und plötzlich kam ein Paket aus Berlin. Aber ob auch eins aus Ulm kam, haben wir nicht gesehen, weil Mama die Pakete immer sofort versteckte, und wir konnten sie nicht finden.

„Die kommen unter den Weihnachtsbaum", sagte sie.

So mussten wir warten und hatten den schrecklichen Verdacht, es wäre nur der linke Stiefel gekommen, weil die Berliner Oma mehr Geld hatte.

Endlich war es so weit. Die Pakete lagen unter dem Weihnachtsbaum.

Klara hüpfte vor Ungeduld von einem Bein aufs andere.

Ich bekam vor Aufregung einen Schluckauf.

Dann sagte Mama: „Jetzt könnt ihr die Pakete öffnen."

Und wir stürzten uns darauf. Ich habe von der Berliner Oma einen Fußball bekommen und Filzstifte von der Oma aus Ulm.

Und was meint ihr, was Klara bekommen hat?

Sie hat drei Paar rote Stiefel bekommen: ein Paar von Papa und Mama, ein Paar von der Berliner Oma und ein Paar von der Ulmer Oma.

Sie freute sich, lachte und sagte zu mir: „Das Jahr fängt sehr gut an!"

Dimiter Inkiow

Weihnachten

Markt und Straßen stehn verlassen,
still erleuchtet jedes Haus,
sinnend geh ich durch die Gassen,
alles sieht so festlich aus.

An den Fenstern haben Frauen
buntes Spielzeug fromm geschmückt,
tausend Kindlein stehn und schauen,
sind so wunderstill beglückt.

Und ich wandre aus den Mauern
bis hinaus ins freie Feld,
hehres Glänzen, heilges Schauern!
Wie so weit und still die Welt!

Sterne hoch die Kreise schlingen,
aus des Schnees Einsamkeit
steigt's wie wunderbares Singen –
oh du gnadenreiche Zeit!

Joseph von Eichendorff

Kapitel 7

Zwischen Neujahr und Dreikönigstag

Zu Neujahr

Will das Glück nach seinem Sinn
dir was Gutes schenken,
sage Dank und nimm es hin
ohne viel Bedenken!

Jede Gabe sei begrüßt,
doch vor allen Dingen:
das worum du dich bemühst,
möge dir gelingen.

Wilhelm Busch

Ein Kind ist geboren …

Vor vielen Jahren wanderten drei wundersame Gestalten durch den tiefen Schnee. Es war eine sternenklare Nacht und das Land lag erstarrt unter einer dicken Schneedecke.
Die drei Fremden klopften bei einer kleinen Hütte an. Der Hirtensohn Jorim öffnete ihnen. Freudig bat er sie herein ans wärmende Feuer. Sie stärkten sich an dem einfachen Mahl und begannen zu erzählen: „Wir sind drei Sterngucker und kommen von weit her. Sonderbares hat uns ein Stern kundgetan: Ein Kind ist geboren, das die Welt durch Liebe verändern wird; Not, Angst, Ungerechtigkeit und Einsamkeit von den Menschen nehmen wird. Der Stern zeigt es deutlich und führt uns. Der Weg ist lang und mühsam, aber wir wollen den neuen König begrüßen."
Früh am nächsten Morgen verabschiedeten sich die drei, der Stern führte sie weiter. Jorim blieb zurück, tief beeindruckt von allem, was er gehört hatte. Ein Kind, das die Welt verändern wird? Die Welt wird durch Liebe regiert werden? Viele Fragen schwirrten durch seinen Kopf, und in seinem Herzen wuchs der Wunsch, sich auf den Weg zu machen: „Auch ich muss dieses Kind begrüßen. Der Stern zeigt auch mir den Weg."
Sogleich eilte er ins Dorf und erzählte von seiner Begegnung und der frohen Kunde. Die Freude, die aus ihm strahlte, ergriff auch die andern. Sie vergaßen die alltägliche Plage und Not, sie begannen zu singen und zu tanzen.
„Da, nimm diese Flöte", sprachen sie zum Abschied. „Das Spiel soll dich und jeden, dem du begegnest, und das Herz des Kindes erfreuen. Erzähl ihm von uns und trage unsere Hoffnungen zu ihm."
Sein Weg führte ihn an einem abgelegenen Haus vorbei. Ein alter Mann stand dort und spaltete Holz. Jorim half ihm und schon bald hatten sie einen Vorrat, der bis weit in den Frühling reichen würde. Auch diesem Mann erzählte er, wohin ihn der Weg führe und welche

Hoffnungen er mit sich trage. „Der Winter ist kalt und der Weg sehr weit“, sagte der Alte. „Nimm diese wollene Decke mit, wärme dich und das Kind und erzähle ihm auch von mir.“

Jorim zog weiter, immer dem Stern nach. Da traf er ein kleines Mädchen. Es hatte sich verirrt und weinte. Jorim tröstete es mit seinem Flötenspiel und half ihm, das Elternhaus zu finden.

Glücklich schloss die Mutter ihr Kind in die Arme. Wieder erzählte Jorim von den drei Sterndeutern und dem neugeborenen Kind, das allen Menschen helfen wird. Da gab sie ihm einen Laib frisch gebackenes Früchtebrot. „Nimm von dem Brot und bringe davon auch dem Kind. Sag ihm, dass wir es erwarten“, und sie verabschiedeten sich herzlich.

Immer heller leuchtete der Stern und doch kamen Jorim auf seinem langen Weg manchmal Zweifel. Nicht alle glaubten ihm, oft wurde er sogar ausgelacht. Wenn sich nun die Sterndeuter geirrt hätten? Was sollte er dann auf dem Weg zurück sagen, wie den enttäuschten Leuten begegnen?

Endlich sah er eine armselige Hütte. Der Stern stand über ihr, und sie erstrahlte in einem wunderbaren Licht. Große Freude erfüllte sein Herz.

Zuerst erkannte er die drei Sterndeuter. Neben ihnen waren Hirten, ein Mann und eine Frau, die ein Kind in ihren Armen hielt. Er legte die wollene Decke um die Frau und das Kind, um sie vor der Kälte zu schützen. Dann nahm er das Früchtebrot und verteilte es.

Auf der Flöte spielte er eine Melodie, die vom Elend der Menschen, von ihrer Not, ihrer Einsamkeit erzählte, die aber auch voll war von ihren Hoffnungen.

Alle verstanden ihn.

Der Weg zurück erschien ihm leicht, und er spielte so schön wie nie zuvor.

Nach einer alten Weihnachtslegende erzählt von Jindra Capek

Die heil'gen drei Könige

Die heil'gen drei Kön'ge aus Morgenland,
sie frugen in jedem Städtchen:
„Wo geht der Weg nach Bethlehem,
ihr lieben Buben und Mädchen?"

Die Jungen und Alten, sie wussten es nicht,
die Könige zogen weiter,
sie folgten einem goldenen Stern,
der leuchtete lieblich und heiter.

Der Stern bleibt stehn über Josephs Haus,
da sind sie hineingegangen;
das Öchslein brüllte, das Kindlein schrie,
die heil'gen drei Könige sangen.

Heinrich Heine

Die heiligen drei Stimmbrüche

Da war einmal ein Pfarrer in Oberpfennigfuxn, der hatte drei Neffen und drei Nichten. Die drei Schwestern hatten die hellsten und klarsten Stimmen der gesamten Oberpfennigfuxner Pfarrgemeinde. Jedes Jahr nach Weihnachten verkleideten sich die drei Mädchen als Kaspar, Melchior und Balthasar, die Heiligen Drei Könige aus dem Morgenland. Dann zogen die Mädchen-Könige von Tür zu Tür und sammelten Spenden für den Kirchenchor.

In diesem Jahr, am Vorabend des sechsten Januar, dem Dreikönigstag, kamen die Schwestern mit hängenden Köpfen zur Pfarrhaustür hereingetrottet. Kaspar lief eine Träne über ihre schwarze Schminke.

„Um Gottes willen, was ist denn mit euch passiert?“, schlug der Pfarrer die Hände zusammen.

„Den ganzen Nachmittag haben wir gesungen!“, empörte sich Balthasar.

„Besser als die Regensburger Domspatzen!“, setzte Melchior hinzu.

„Ja also, dann ist doch alles …“, der Pfarrer verstummte. Balthasar hatte trotzig die Spendenbüchse geschüttelt, die hohl und leer und blechern verkündete, dass sich darin nur ein Geldstück befand.

„Und weißt du was, Onkel? Ich glaube, das ist nicht einmal eine Münze, sondern nur ein alter Knopf!“, rümpfte Melchior angewidert ihre gepuderte Nase.

Balthasar erzählte: „Bei Familie Kaniggerich haben wir angefangen.

Eine ganze Viertelstunde lang alle Lieder rauf- und runtergesungen. Die wollten sogar eine Zugabe, weil es so schön klingt. Ha! Als wir fertig waren, haben sie nur noch nett gegrinst und 'dankeschön!' gesagt und dann die Türe einfach vor unserer Nase zugemacht."
Melchior setzte müde den Weihrauchschwenker auf den Boden. „So ging's weiter bei Familie Schott und bei den Gaitsens und die ganze Straße rauf!"
Der Pfarrer bekreuzigte sich: „Herr vergib ihnen. Denn sie wissen nicht, was ..." Plötzlich aber schwoll sein Glatzkopf wütend rot an: „Herrgott, Geld haben die alle, die Geizhälse, die verflixten! Womit soll ich bloß die neuen Roben für den Kirchenchor bezahlen?"
Kaspar ballte die Faust um ihre Myrrhenzweige: „Unsere Brüder sollten das Geld aus ihnen rausprügeln ..."
„Gott bewahre! Ums Geld schlagen. Es müsste schon mit dem Teufel zugehen, wenn uns da nichts Klügeres einfiele." Plötzlich spielte ein Lächeln um des Pfarrers dünne Lippen. „Wie alt sind die jetzt eigentlich, eure Brüder? Können die auch singen?"
„Dreizehn, vierzehn und fünfzehn", antwortete Kaspar, „aber singen tun die, dass sich die Fußnägel rollen."
„Die sind nämlich alle drei im Stimmbruch", erklärte Melchior, „manchmal klingen sie noch wie kleine Jungs, manchmal wie erwachsene Männer, meistens aber wie verrostete Orgelpfeifen."
„Beim Herrgott", sagte der Pfarrer verschwörerisch, „diese Stimmbrüche sind ein Geschenk des Himmels. Wenn die Geizkragen nicht fürs Singen bezahlen wollen, dann müssen sie es eben fürs Aufhören tun."
In den frühen Morgenstunden des sechsten Januars wurden die Pfaffinger von greulichen Geräuschen geweckt.
„Das klingt wie ein Tier, das verendet, nein, wie drei Tiere. Seltsam, heute ist doch gar kein Schlachttag!", wunderten sich die Leute. Als das geheimnisvolle Blöken näher kam, dämmerte es ihnen: „Das sind keine Kühe und keine Schafe, das sind Menschenstimmen!"
In der Dunkelheit sah man, wie sich drei Burschen, als die Heiligen

Könige aus dem Morgenland verkleidet, vor dem Haus der Familie Kaniggerich postierten und zu laut und zu tief und zu hoch und zu heiser, einfach gruseligst, grundübeligst, grottenschlechtestens Dreikönigslieder zum Besten gaben. Hätte an diesem Januarmorgen Schnee gelegen, dieser Lärm hätte ihn zum Schmelzen gebracht. Stattdessen schmolz die Leidensfähigkeit der Familie Kaniggerich. Nach zwei Minuten nur flog die Tür auf: „Hier, eine Spende für die Kirchengemeinde und das ist für euch, bitteschön, und jetzt singt ihr bitte, bitte brav WOANDERS!", flehte Frau Kaniggerich die Stimmbruchkönige an. Dann waren die Gaitsens und die Schotts dran. Die ganze Geizhalsstraße beschallten die Pfarrersneffen, sangen, als käme nach ihnen die musikalische Sintflut. Zuletzt hielten die Leute ihr Geld schon an der Tür bereit: „BITTE, ihr geht doch auch gleich WEITER, oder?!" So kam der Oberpfennigfuxner Kirchenchor doch noch zu seinen Roben. Die drei Pfarrersneffen wollten nach ihrem durchschlagenden Erfolg am Dreikönigstag gleich in den Chor eintreten. Das aber lehnten die Chorsänger ab – einstimmig.

Stephan Geesing

Quellenverzeichnis

Bachem-Tonger, Catharina, *Das verschwundene Jesuskind*, © Catharina Bachem-Tonger.

Bolliger, Max, *Weihnachten ist heute*, © Max Bolliger, *Eine Wintergeschichte*, © Nord-Süd-Verlag, Gossau-Zürich/ Schweiz 1993.

Capek, Jindra, *Ein Kind ist geboren*, © bohem-press, Zürich 1984.

Dreißig, Georg, *Warum die Hasen weiße Schwänze haben, Was die Spinne für Maria tat*, aus: Georg Dreißig, *Das Licht in der Laterne*, © Verlag Urachhaus, Stuttgart 1994, *Was Lololith in der Weihnachtsnacht erlebte*, © Georg Dreißig.

Fährmann, Willi, *Die Legende vom Nikolaus und Jonas mit der Taube*, aus: Willi Fährmann, *Und leuchtet wie die Sonne*, © Echter Verlag, Würzburg 4. Aufl. 1991.

Geesing, Stephan, *Das goldene Buch, Nikolaus in Nöten, Die Politesse, der Ferrari und der Elefant, Liebes Elektrizitätswerk, Die heiligen drei Stimmbrüche*, © Stephan Geesing.

Härtling, Peter, *Der Koffer, aus: Peter Härtling, Geschichten für Kinder*, © Beltz und Gelberg, Beltz-Verlag, Weinheim und Basel 1988.

Hoffmann, Carola, *Vom Adventskalender bis zum festlichen Weihnachtsessen*, © Carola Hoffmann.

Hoffmann, Friedrich, *Die Hirten, aus: Mielitz, Sei uns willkommen schöner Stern*, © Verlag Ernst Kaufmann, Lahr o.J.

Holthausen, Luise, *Florian rettet das Christkind, Tante Margas Weihnachtsgeschenk,* © Luise Holthausen.

Hughes, Richard, *Der Weihnachtsbaum*, aus: Das Walfischheim, © Suhrkamp-Verlag, Frankfurt/ Main 1953.

Inkiow, Dimiter, *In letzter Minute, Der Weihnachtswunsch*, © Dimiter Inkiow.

Janosch, *Ein Geschenk für den Vogel*, aus: Das große Janosch-Buch, © Beltz und Gelberg, Beltz-Verlag, Weinheim und Basel 1976.

Krenzer, Rolf, *Die Geschichte vom Weihnachtsglöckchen*, © bohem-press, Zürich 1994.

Krüss, James, *Die Weihnachtsmaus*, aus: Der wohltemperierte Leierkasten, © C. Bertelsmann Verlag o.J.

Künzler-Behncke, Rosemarie, *Die Luft riecht nach Winter, Was Freude macht*, © Rosemarie Künzler-Behncke.

Maar, Paul, *Weihnachtsüberraschungen*. © Paul Maar.

Mai, Manfred, *Alle Jahre wieder, Der Schönste von allen*, © Manfred Mai.

Poser, Hans, *Nikolaus! Nikolaus!* Text und Melodie: Hans Poser, von der Fidula-CD 4428: Nikolaus und Weihnachtslieder, © Fidula-Verlag, Boppard/ Rhein und Salzburg o.J.

Röthlisberger, Lukas, Der erste Schnee, *Die Seesterne, Wertvoll*, © Lukas Röthlisberger.

Ruck-Pauquèt, Gina, *Paradies-Schnee, Traumbescherung*, © Gina Ruck-Pauquèt.

Scheffler, Ursel, *Der Weihnachtsbesuch*, © Ursel Scheffler.

Schweiggert, Alfons, *Der beschenkte Nikolaus, Der winzige Tannenbaum*, © Alfons Schweiggert.

Steinhöfel, Dietlind, *Die kleine Blume und der Nordwind*, © Dietlind Steinhöfel.

Streit, Jakob, *Die Hirtin Magdalene*, aus: Kindheitslegenden, Kindheit und Jugend Jesu, © Verlag Freies Geistesleben, 10. Auflage, Stuttgart 2000.

Ten Haaf, *Der kleine Hügel, Meinetwegen, Vertan, Der Nikolaus*, © ten Haaf.

Tümmel, Else, *Der erste Strohstern*, aus: Mielitz, Sei uns willkommen schöner Stern, © Verlag Ernst Kaufmann, Lahr o.J.